MARCO POLO

Bretagne

Reisen mit Insider

Diesen Reiseführer schrieb Axel Patitz. Er lebt im Südwesten Frankreichs. Seit mehr als 30 Jahren bereist er die Region und hat darüber Reiseführer, Buch- und Zeitschriftenbeiträge veröffentlicht.

marcopolo.de

Die aktuellsten Insider-Tipps finden Sie unter www.marcopolo.de, siehe auch Seite 102

MAIRS GEOGRAPHISCHER VERLAG

SYMBOLE

Insider Tipp **MARCO POLO INSIDER-TIPPS:**
Von unserem Autor für Sie entdeckt

★ **MARCO POLO HIGHLIGHTS:**
Alles, was Sie in der Bretagne kennen sollten

HIER HABEN SIE EINE SCHÖNE AUSSICHT

WO SIE JUNGE LEUTE TREFFEN

PREISKATEGORIEN

Hotels

€€€	über 100 Euro
€€	50–100 Euro
€	unter 50 Euro

Die Preise gelten für zwei Personen im Doppelzimmer ohne Frühstück.

Restaurants

€€€	über 45 Euro
€€	25–45 Euro
€	unter 25 Euro

Die Preise gelten für ein Menü mit mindestens drei Gängen ohne Getränke.

KARTEN

[114 A1] Seitenzahlen und Koordinaten für den Reiseatlas Bretagne

Karten zu Dinan, Quimper, Saint-Malo und Vannes finden Sie im hinteren Umschlag.

Zu Ihrer Orientierung sind auch die Orte mit Koordinaten versehen, die nicht im Reiseatlas eingetragen sind.

GUT ZU WISSEN

INHALT

Die wichtigsten MARCO POLO Highlights

Sehenswürdigkeiten, Orte und Erlebnisse, die Sie nicht verpassen sollten

1 Forêt de Paimpont
Noch immer geht in dem Wald westlich von Rennes der Geist der Fee Viviane um (Seite 31)

2 Fougères
Die Burg des Orts ist ein Paradebeispiel mittelalterlicher Militärarchitektur (Seite 31)

3 Saint-Malo
Für sich allein schon eine Attraktion ist die Korsarenstadt; höchst interessant ist aber auch, was sie sonst noch zu bieten hat (Seite 32)

4 Dinan
»Der Schlüssel zu meiner Schatulle« (Herzogin Anne de Bretagne) bezaubert mit liebevoll herausgeputztem Fachwerk (Seite 39)

5 Ploumanac'h
Um die Pracht der kurios geformten Felsen an der Côte du Granit Rose voll auszukosten, empfiehlt sich eine Wanderung auf dem Zöllnerpfad (Seite 45)

6 Les Sept Îles
Ob Trottellumme, Tordalk oder Kormoran – beim Bootsausflug zum Archipel der Vögel bekommt man sie ins Visier (Seite 45)

7 Île de Brehat
Eine Perle der Nordküste ist die Insel der Palmen und Mimosen (Seite 49)

Menhire bei Carnac

Uhr der Kathedrale in Vannes

8 Océanopolis
Allein wegen des tollen Meereszentrums lohnt sich die Reise nach Brest (Seite 54)

9 Île d'Ouessant
Ein Abenteuer ist der Ausflug zu der oft sturmumtosten Insel (Seite 58)

10 Plougastel-Daoulas
Die Stadt der Erdbeeren hat auch erlesenen Kunstgenuss zu bieten: einen Calvaire mit 180 Figuren (Seite 59)

11 Huelgoat
In die Welt der bretonischen Märchen und Sagen entführt der Spaziergang durch den verwunschenen Wald mit seinen bizarren Felsen (Seite 62)

12 Golfe du Morbihan
Dank des milden Klimas der bretonischen Südküste ist der Golf ein Badeparadies – und noch einiges mehr (Seite 71)

Halbinsel Quiberon, Sandstrand

13 Belle-Île
So schön ist die Insel, dass man wegen des Besucherandrangs dort am besten in der Vor- oder Nachsaison Urlaub macht (Seite 77)

14 Carnac
Ob endlose Reihen aufrechter Steine, Hügelgräber oder Dolmen – dies ist die »Hauptstadt der Vorgeschichte« (Seite 78)

15 Vannes
Was Dinan für die Nordküste, das ist Vannes für die Südküste – ein Schmuckkästchen von Stadt, das jeden bezaubert (Seite 80)

★ *Die Highlights sind in der Karte auf dem hinteren Umschlag eingetragen*

Entdecken Sie die Bretagne!

Magische Landschaften am Rand des Kontinents

Die Bretagne hat viele Gesichter. Sie ist das Land der schroffen, von atlantischer Brandung umschäumten Felsküste, mit alten Fischernestern und Hafenstädtchen, denen sich oft neue Badeorte zugesellt haben. Sie ist steinig und windgepeinigt, das Land der *calvaires* und der *enclos paroissiaux*, der ummauerten Kirchhöfe mit Friedhof und Beinhaus. Diese Bretagne ist Armor, das »Land am Meer«.

Es gibt die andere Bretagne, genannt Argoat, »Waldland«, die innere Bretagne. Viel ist vom Wald jedoch nicht geblieben. Der mysteriöse *Forêt de Paimpont* westlich der Hauptstadt Rennes ist das größte Überbleibsel.

Das Gebiet der Bretagne umfasst 27 208 km^2 mit einer Gesamtbevölkerung von etwa 2,8 Mio. Menschen. Rund 3 Mio. Touristen fahren jedes Jahr in die Bretagne. Damit ist sie nach der Côte d'Azur die meistbesuchte Region Frankreichs. Allerdings: 90 Prozent der Besucher zieht es an die 1200 km lange Küste. Wer im Juli und August in einem der Badeorte Urlaub macht, darf also nicht hoffen, dem Massentourismus zu entrinnen. Entweder kommt man im Frühjahr

Rosa Granitküste bei Trégastel

Küstengewächs: weiße Lilie

und Herbst, oder man weicht nach Westen aus. Strände und Buchten, in denen man fast allein ist, gibt es abseits der Ferienzentren in Hülle und Fülle, auch wenn das Baden hier wegen gefährlicher Brandung und Abwesenheit von Strandwache und Rettungsdienst nicht unbedingt immer zu empfehlen ist.

Hauptzentrum des Badelebens ist an der Südküste die Halbinsel Quiberon. Auch Carnac und die Orte um den Golf von Morbihan haben sich total dem Urlaubsbetrieb verschrieben.

Die Bretagne hat viele Gesichter – das trifft in besonderem Maße auch auf die Jahreszeiten zu. An einem diesigen Tag im Frühherbst gewinnen die grob aus Granit gehauenen, von Wind und Wetter bearbeiteten Figuren eines Kalvarienbergs oder die monumentalen Steinreihen von Carnac eine Bedeutung,

Geschichtstabelle

5000–2000 v. Chr. Megalithkultur: Menhire, Dolmen, Gang- und Hügelgräber

um 500 v. Chr. Kelten besiedeln die Bretagne und nennen sie Armor, Land am Meer

56 v. Chr. Cäsar besiegt in einer Seeschlacht den Stamm der bretonischen Veneter und erobert das Land

460–ca. 660 Kelten flüchten vor Angeln und Sachsen aus Großbritannien in die Bretagne

799 Karl der Große unterwirft die gesamte Halbinsel

845 König Nominoë besiegt Karl den Kahlen und begründet ein unabhängiges Herzogtum; ab 851 Königreich

952 Tod des letzten Königs Alain Barbe-Torte. Bis ins 14. Jh. Kämpfe um die Erbfolge

1364–1468 Die Herrschaft des Hauses Montfort nach dem Erbfolgekrieg führt zu einer Blütezeit

1491–99 Anne de Bretagne heiratet den französischen König Charles VIII., bleibt jedoch Regentin und Herzogin der Bretagne. Nach dem Tod von Charles VIII. heiratet sie dessen Nachfolger Ludwig XII.

1514 Durch Heirat von Annes Tochter Claude mit Franz I., dem späteren König, kommt es 1532 zur Union mit Frankreich

1789 Französische Revolution; Gründung des Clubs der bretonischen Abgeordneten in Rennes

1794–1804 Royalistischer Aufstand (Chouannerie) nach Hinrichtung Ludwigs XVI.

1940–45 Im Zweiten Weltkrieg deutsche Besetzung, Städte wie Brest, Lorient, St-Malo und St-Nazaire werden durch Bomben weitgehend zerstört

ab 1951 Wirtschaftlicher Aufschwung. 1964 wird die Wirtschaftsregion Bretagne gebildet; Abtrennung des Departments Loire-Atlantique mit Nantes

ab 1966 Autonomistische Bestrebungen *(Breiz libre)* für eine unabhängige Bretagne; Extremisten verüben Sprengstoffanschläge

1999 Ölpest besonders an der Südküste durch Havarie und Auseinanderbrechen des Tankers »Erika«

2002 Bauernproteste gegen Umweltzerstörung, bedingt durch aufgezwungene intensive Landwirtschaft

die ihnen im hellen Sonnenlicht fehlt. Zu ihrem eigenen Rhythmus finden dann die alten Städte zurück, dieser andere historische Schatz der Bretagne.

Es mag von Nachteil sein, dass sie keine Metropole von europäischem Zuschnitt besitzt – mit insgesamt 25 Kleinstädten (10 000 bis 50 000 Ew.) steht die Bretagne in Frankreich einzig da. Diese Städte – Dinan, Vannes, St-Malo, Morlaix, Lannion, Fougères und so fort – sind mit ihren alten Fachwerkbauten nicht nur eine Augenweide für Besucher, sondern auch dynamische Zentren für Handel und Verwaltung eines großen Einzugsgebiets. Im Sommer wird die lebhafte, anregende Atmosphäre der Städte durch große Feste unterstrichen: In den Gassen der Altstadt von Dinan mit ihren prächtigen Fachwerkhäusern und unter der Stadtmauer ersteht bei der *Fête des Remparts* das Mittelalter mit historisch gekleidetem Personal. Die Plätze und Straßen der Hauptstadt Rennes verwandeln sich beim sommerlichen Festival der *Tombées de la Nuit* in ein einziges großes Theater, und in der Hafenstadt Brest treffen sich zahllose Segelschiffe aller Nationalitäten zu einer gigantischen Windjammerparade.

»Eine lange Tradition haben die Wallfahrten«

Eine lange Tradition haben die Pardons, die großen Wallfahrten. Sie sind so typisch bretonisch wie die Kalvarienberge und umfriedeten Kirchhöfe. Mit Heiligenbannern und -bildern ziehen die Gläubigen, viele in Trachten, zu einsam gelegenen Kapellen. Zeichen unserer Zeit: Heute sind die Pardons nicht nur Ausdruck religiöser Inbrunst, sondern auch Zuschauerspektakel, bei dem die Zahl der Touristen die der Teilnehmer

Das Essen von Meeresfrüchten verlangt Konzentration und Fingerfertigkeit

bei weitem übertrifft. Zum Abschluss wird, wie bei jedem ländlichen Fest, ausgiebig getanzt und getrunken. Die bretonische Gläubigkeit ist eben von eigener Art. Frömmigkeit im christlichen Sinn wird in der Bretagne durch einen ausgeprägten Glauben an wundertätige Heilige ergänzt, der weit über römisch-katholische Gepflogenheiten hinausgeht. Das bäuerliche Element ist der markanteste Zug der Bretonen, nicht nur in der religiösen Kunst, sondern auch in den dichterisch bedeutenden *sones*, den Klageliedern, den Legenden und Märchen.

»*Die Wurzeln reichen zurück bis zu den Kelten*«

Eigensinn und Phantasie sind hervorstechende bretonische Wesenszüge. Der Stolz, Bretone zu sein, unterscheidet diese Menschen von ihren französischen Landsleuten. Die historischen Wurzeln reichen zurück bis zu den Kelten. Aufstände und Attentate durchziehen wie ein roter Faden die bretonische Geschichte. Regionalistische Bestrebungen führten 1898 zur Gründung der *Union Régionaliste Bretonne*; nach dem Ersten Weltkrieg entstanden nationalistische Bewegungen wie *Breiz Atao*, Bretagne für immer, PAB, *Parti Autonomiste Breton*, und die Geheimorganisation *Gwenn ha Du*, Schwarz und Weiß, die durch Bombenanschläge auf sich aufmerksam machte.

Die Autonomiebewegung unserer Tage unterscheidet sich jedoch beträchtlich von den ruhmlosen Vorgängern. Dazu gehören die Bemühungen, die alte Sprache am Leben zu erhalten. Glücklicherweise sind die Zeiten vorbei, als den Kindern in der Schule verboten war, auch nur ein Wort Bretonisch zu sprechen. Wenn es trotzdem geschah, musste der »Sünder« als Zeichen der Schande ein Hufeisen um den Hals tragen. Bretonisch wird heute nicht mehr nur noch von älteren Menschen gesprochen. Allerdings ist eine deutliche Trennungslinie zwischen dem Ost- und dem Westteil der Halbinsel zu ziehen: in der Haute-Bretagne, dem östlichen Teil mit der Hauptstadt Rennes, wird seit der Union mit Frankreich (1532) ausschließlich Französisch gesprochen. Nur in der Basse-Betagne, dem westlichen Landesteil, hat sich Bretonisch als Umgangssprache gehalten.

Abgesehen von der Mündung des Golfe du Morbihan, der Halbinsel Quiberon, der Küste zwischen

Die Marco Polo Bitte

WWF

Marco Polo war der erste Weltreisende. Er reiste in friedlicher Absicht, verband Ost und West. Er wollte die Welt entdecken, fremde Kulturen kennen lernen, nicht zerstören. Könnte er heute für uns Reisende nicht Vorbild sein? Aufgeschlossen und friedlich sollte unsere Haltung auf Reisen sein. Dazu gehören auch Respekt vor Mensch und Tier und die Bewahrung der Umwelt.

Von Erika bewachsener Hügel in der weiten Landschaft des Finistère

St-Malo und St-Cast sowie Badeorten wie Perros-Guirec, Trébeurden und Val-André an den Côtes d'Armor ist die bretonische Küste noch weitgehend jungfräulich. Das trifft vor allem für das Finistère zu, die einsame nordwestliche Ecke bei Brignogan und Lampaul-Ploudalmézeau, sowie für die Halbinsel Crozon südlich von Brest.

Welten für sich sind wiederum die vielen Inseln rund um die armorikanische Halbinsel. Zu fast allen kann man vom Festland übersetzen. Jede Insel und Halbinsel hat ihren besonderen Charakter.

Ein Pilgerziel moderner Art ist das Küstenstädtchen Pont-Aven südöstlich von Quimper – dank Paul Gauguin, der mit seinen Aufenthalten zwischen 1886 und 1889 den Ruhm der Schule von Pont-Aven für alle Zeiten festigte.

»*Welten für sich sind die vielen Inseln*«

Gauguin entdeckte in der Bretagne die Ursprünglichkeit und Wildheit, die als wichtige Elemente seiner Kunst zum Bruch mit dem Impressionismus beitrugen; der während des Aufenthalts in Pont-Aven entwickelte neue Stil findet seine Vollendung in den großartigen Bildern »Vision nach der Predigt – Jakobs Kampf mit dem Engel« und »Der gelbe Christus«.

Die Bretagne hat auch viele andere bedeutende Maler inspiriert: Eugène Boudin entdeckte 30 Jahre vor Gauguin die Region um Quimper und blieb der Bretagne bis kurz vor seinem Tod 1898 treu. Auguste Renoir kam 1895 nach Tréboul und malte die Küste; Pierre De Belay, Maurice Asselin und Henri Barnoin repräsentieren eine neue Generation, die mit der *Union Artistique des Amis de Concarneau* in den 1920er-Jahren 40 Künstler vereinte. Auf der *Route des Peintres en Cornouaille*, zwischen Le Pouldu und Douarnenez, können Sie all die Plätze und Museen besuchen, die diese reiche, mehr als ein Jahrhundert währende künstlerische Ernte bewahren. Diese Art des Reisens ist sicher nicht die schlechteste, macht man dabei doch Entdeckungen ganz persönlicher Art.

Von König Artus bis Wallfahrt

Megalithen aus der Vorzeit und ein modernes Gezeitenkraftwerk – die Bretagne ist ein Land der Kontraste

Artus

Die Legende von der Tafelrunde des Königs Artus ist eng mit der Bretagne verknüpft: Hierher kam einst Joseph von Arimathia mit einem Becher, der einige Tropfen Blut von Jesus enthielt, und lebte im Wald von Brocéliande (heute Wald von Paimpont). Die Suche nach diesem Becher, dem Heiligen Gral, machten sich der um 500 lebende, sagenhafte König Artus und 50 seiner Ritter zur Aufgabe. Um die Abenteuer der Artusrunde und die Gralssuche Parzivals bildeten sich seit dem Mittelalter viele Sagen und Dichtungen.

Asterix und Obelix

1959 erschien die erste Asterix-Serie von René Goscinny und Albert Uderzo. Seitdem haben sich die beiden bekanntesten Bretonen mit ihren Abenteuern im Kampf gegen die Römer die Welt erobert. Umwerfend komisch, immer spannend und historisch sowie zeitkritisch gewürzt. Das Dorf der beiden Helden würde man in der Bretagne allerdings vergebens suchen.

Bei Camaret-sur-Mer stehen diese Menhire

Calvaire

Die Kalvarienberge aus Granit zählen zu den großen Sehenswürdigkeiten der Bretagne. Um Christus am Kreuz gruppieren sich die biblischen Figuren der Passionsgeschichte, dazu Apostel und Heilige, geschaffen von bretonischen Künstlern und oft in Pestzeiten entstanden. Der älteste Kalvarienberg der Bretagne ist der Calvaire von Tronoën. Er stammt vom Ende des 15. Jhs. und steht an der Westküste bei der Pointe de la Torche. Die berühmtesten Calvaires finden sich in Guimiliau (200 Figuren), St-Thégonnec, Plougastel-Daoulas (180 Figuren) und Pleyben.

Alle Calvaires stehen in *enclos paroissiaux*, den ummauerten Kirchhöfen, die man durch ein großes Tor, die *porte triumphale*, betritt. Neben dem Calvaire stehen Kirche und Beinhaus *(ossuaire)*. Bei der Gestaltung der *enclos paroissiaux* wetteiferten die Nachbargemeinden miteinander.

Fauna und Flora

Die Wälder beherbergen keine nennenswerten Wildbestände. Dagegen sind Felsküste und Inseln wahre Vogelparadiese. Mit der Einrichtung von Naturschutzgebieten wie dem *Parc Naturel Régional d'Armorique* in den Monts d'Arrée südöstlich von Brest sollen Landschaft, Flora und Fauna vor zerstörerischen Eingriffen bewahrt werden. Für Seevögel ist die Bretagne das wichtigste Refugium an der französischen Kanal- und Atlantikküste: Möwen, Basstölpel, Kormorane, Lummen, Papageientaucher ... Ein Vogelparadies ist auch der Golf von Morbihan, wo neben den Seevögeln zahlreiche Süßwasservögel nisten.

Fischerei

In der Fischerei steht die Bretagne in Frankreich auf Platz eins. Die Hochseefischerei konzentriert sich auf den Thunfisch, der vor allem vor Afrika, bei den Seychellen und im Indischen Ozean gefangen wird, sowie auf den Dorsch, dessen Fanggründe die Neufundlandbänke und die kanadischen Gewässer sind. Dabei kommen Schiffe zum Einsatz, die den Fisch vor Ort industriell verarbeiten. In den Küstengewässern werden neben Fisch vor allem Schaltiere wie Jakobsmuscheln und *langoustines* (Kaisergranat) gefangen. Die Fanggründe für Langusten liegen dagegen in den Gewässern von Marokko und Mauretanien.

Die bretonischen Küstengewässer sind weitgehend überfischt, die heimischen Fischer kämpfen ums Überleben; nicht zuletzt wegen der aus ihrer Sicht ungerechten EU-Fangquoten. Problematisch ist aus Umweltgründen die Fischzucht. Einbußen um 20 Prozent mussten in der Austernzucht hingenommen werden. Die flachen bretonischen *Belons*, aber auch die *Creuses de Bretagne* und die *Fines de Bretagne* werden vor allem an der Nordküste in Cancale und der Bucht von Morlaix, aber auch in der Bucht von Quiberon und im Golf von Morbihan in Austernbänken gezüchtet.

Gezeitenkraftwerk

Mit bis zu 14 m Gezeitenunterschied sind die Fluten des Golfs von St-Malo/Dinard nach der Bucht von Fundy in Kanada die stärksten der Welt. 1966 wurde die Wasserkraft mit dem Bau der *Usine Marémotrice de la Rance* für die Energiegewinnung nutzbar gemacht. Jähr-

Bretonische Austern sind bei Feinschmeckern begehrt

lich produziert das Gezeitenkraftwerk 600 Mio. kWh. In einem 750 m langen Damm, der die Rance-Mündung bei Dinard absperrt, sind in einem 390 m langen Tunnel 24 Turbinen für die Stromerzeugung installiert.

Gwenn ha Du

Der Name der bretonischen Fahne bedeutet »Weiß und Schwarz«. Die einzige farblose Fahne der Welt wurde 1925 zum ersten Mal anlässlich der *Exposition des Arts Décoratifs* in Paris gezeigt. Die fünf schwarzen Streifen stehen für die fünf »Länder« oder Bistümer der Hoch-Bretagne, die weißen Streifen symbolisieren jene der Nieder-Bretagne, und das Feld in der linken oberen Ecke stellt ein Hermelinfell dar, wie es einst Bestandteil des Wappens der bretonischen Königin Anne war.

Landwirtschaft

Dank der Tüchtigkeit der bretonischen Landwirte ist die Halbinsel eine der produktivsten Regionen Frankreichs. In der Erzeugung von Schweinefleisch, Milch, Geflügel und Eiern liegt die Bretagne an der Spitze; das Fleisch wird an Ort und Stelle zu Wurstwaren und Aufschnitt verarbeitet oder konserviert. Für den Getreideanbau ist rund ein Drittel der Bodenfläche reserviert. Bedeutend ist auch der Anbau von Mais als Viehfutter. Der Gemüseanbau – vor allem Artischocken, Frühkartoffeln, Blumenkohl – konzentriert sich auf den nordöstlichen Landesteil.

Leuchttürme

Wenn Sie auf der Route der Leuchttürme und Seemarken *(Route des Phares et Balises)* im Finistère von Brest entlang der Küste bis Brignogan fahren, können Sie viele bretonische Leuchttürme besuchen. Wegen der Gefährlichkeit der mit Riffen und Inseln gespickten Westspitze der armorikanischen Halbinsel und des auch nachts starken Seeverkehrs konzentrieren sich auf diesem Küstenabschnitt die meisten Leuchttürme und Seezeichen in ganz Frankreich: 23 Leuchttürme, 63 Seefeuer, 14 Radionavigationsstationen und 258 Bojen. Zu den markantesten Leuchttürmen gehören der 37 m hohe *Phare de St-Mathieu* von 1865 mit einer Reichweite von über 50 km, gelegen westlich von Brest, und der *Phare du Creac'h* auf der Insel Ouessant – mit einer Reichweite von 100 km einer der stärksten Leuchttürme der Welt.

Megalithen

Berühmteste und größte Steinsetzung der Bretagne sind die rund 3000 Menhire von Carnac. Sie wurden um 5000 bis 2000 v. Chr. von einem Volk errichtet, das lange vor den Galliern in der Bretagne lebte und keine anderen Spuren hinterlassen hat. Bei diesen *Alignements*, Reihen von Steinen, handelt es sich möglicherweise um religiöse Symbole. Andere Megalithen sind die Dolmen (tischförmige Steingräber) und Cromlechs (Steinkreise). Der berühmteste Dolmen liegt bei Locmariaquer und wird *Table des Marchands* (Tisch der Händler) genannt. Die Dolmen waren Grabkammern, sie sind mitunter durch einen langen Gang zum Mittelpunkt eines Tumulus bzw. Cairn, eines Grabhügels, zugänglich, wie zum Beispiel beim Cairn auf der Île

Trutzig ragt das alte Fort La Latte aus dem tiefblauen Meer

de Gavrinis im Golf von Morbihan. Hier, an der bretonischen Südküste *(Côtes des Megalithes)*, befinden sich die bedeutendsten Denkmäler der Vorgeschichte.

Pardons

Zu Ehren eines lokalen Heiligen, der Muttergottes oder der Sainte Anne veranstaltet alljährlich jede bretonische Gemeinde ihren Pardon. In diesen jahrhundertealten Wallfahrten, bei denen in der Prozession Kerzen, Heiligenfiguren und -banner mitgeführt werden, offenbart sich die noch heute lebendige religiöse Inbrunst und tiefe Gläubigkeit der Bevölkerung. Dabei werden Lobgesänge angestimmt, viele Wallfahrer tragen alte Tracht. Wie der Name sagt, erflehen die Gläubigen Vergebung *(pardon)* für ihre Sünden, legen ein Gelübde ab oder erbitten eine Gnade. Bei großen Pardons, wie in Locronan, kommen Tausende Menschen zusammen. Im Anschluss an die Prozession wird dann auf ganz weltliche Art und Weise mit Cidre, Tanz und Ringkämpfen gefeiert, der religiöse Ernst macht ausgelassener Fröhlichkeit Platz.

Schlösser und Burgen

Die Bretagne ein Land der Schlösser und Burgen? Auch das! 4000 Schlösser, Herrensitze und -häuser hat man gezählt. Etliche von ihnen stammen aus dem Mittelalter, gut vertreten sind auch die Bauten der Renaissance sowie späterer Zeiten. Eine Besonderheit stellen die schönen Herrensitze dar, die sich im 19. Jh. die reichen Reeder von St-Malo im Hinterland errichten ließen. Eindrucksvoll sind auch die großen Burgen, mit denen im Mittelalter die Ostgrenze des Herzogtums Bretagne gesichert wurde: Fougères, Vitré, Dinan und Combourg. Im Sommer werden in zahlreichen Schlössern historische Feste, Theater- und Musikaufführungen oder Son-et-Lumière-Spektakel (Ton- und Lichtschauen) veranstaltet.

Sprache

Die bretonische Sprache *(Brezoneg)* ist keltischen Ursprungs und mit dem Walisischen und Kornischen verwandt. Ein entfernter verwandter Sprachzweig ist Gälisch, wie es in Schottland und Irland gesprochen wird. Bei ihrer Vertreibung aus Großbritannien in der Zeit vom 4. bis zum 7. Jh. durch die Angelsachsen brachten die Neuankömmlinge also ihre eigene Sprache mit. Obwohl im Zuge des Zentralismus das Bretonische rigoros unterdrückt wurde, konnte es sich bis heute behaupten, meist beschränkt auf den westlichen Teil der Halbinsel. Der Kampf um den Weiterbestand der Sprache wird auf verschiedenen Ebenen fortgeführt. 1977 wurde die bretonische Schule *Diwan* (Keim) gegründet. Es gibt 31 dieser Schulen mit rund 2000 Schülern. Der staatliche Rundfunksender *Radio Ouest Bretagne* sendet täglich zwei Stunden in Bretonisch, auch in der Presse kann man bretonische Beiträge lesen. Das wachsende Interesse an ihrer alten Sprache hat dazu geführt, dass sie heute von rund 700 000 Bretonen gesprochen wird. Wegweiser mit Städtenamen sind mehr und mehr zweisprachig, ebenso viele touristische Broschüren von Museen und Sehenswürdigkeiten.

Trachten und Traditionen

Die Liebe zur Tracht ist in kaum einer anderen französischen Region so ausgeprägt wie in der Bretagne. Und gar die Vielfalt der Formen und der Reichtum der künstlerisch gestalteten Details! Jeder Landstrich hat seine eigene Tracht. Wie überall trägt man sie allerdings nur noch bei bedeutenden Festlichkeiten, bei den Pardons, Hochzeiten, Taufen, manchmal bei den großen Jahrmärkten und Messen der Kirchspiele und bei Volkstänzen.

Besonderes Schmuckstück der Trachten sind die berühmten Spitzenhäubchen. Auch hier überrascht die Vielfalt der Formen. Besonders schön sind die Hauben von Pont-Aven, die durch eine bezaubernde Halskrause ergänzt werden. Zu hohen röhrenförmigen Gebilden gerieten dagegen im Lauf der Zeit die Hauben des Bigoudenlands um Pont-l'Abbé.

Fest-Noz heißt das nächtliche ländliche Fest, bei dem je nach Region besondere Volkstänze gepflegt werden: In der Haute-Cornouaille und im Raum Pontivy ist dies die *Gavotte,* im Gebiet von Vannes der *Laridé* und der *Plinn,* der *Fisel* in der Region um Carhaix. Beim *Kan ha diskan* wird zum Tanz gesungen, wobei sich die beiden Sänger gegenseitig antworten.

Traditionelle bretonische Musikinstrumente, denen man bei Folkloreveranstaltungen begegnet, sind der *Biniou,* ein Verwandter des schottischen Dudelsacks, die *Bombarde,* eine bretonische Oboe, *Bouëze,* das Akkordeon – oft im Zusammenspiel mit der Geige – und die keltische Harfe, genannt *Telenn.* Sie ist kleiner als die klassische Harfe und erfreut sich steigender Popularität.

Ar gouren ist ein alter Ringkampf, der in der Bretagne schon in der Antike gepflegt wurde. Er wird barfuß ausgetragen, und es gilt, den Gegner auf beiden Schultern zu Boden zu werfen. Die bretonische Version des Rugby heißt *Ar vell; Bazhig kamm* ist eine dem Hockey verwandte Sportart.

Spécialité

Alle Aromen des Atlantiks auf der Zunge

Meeresgetier frisch vom Fang – und zwischendurch Crêpes in tausend Variationen

In der Bretagne stehen die Freuden der Tafel ebenso hoch im Kurs wie im übrigen Frankreich. Bretonische Köche können dabei auf erstklassige Rohwaren bauen: Nirgendwo ist die Qualität besser als in diesem Bauern- und Fischerland. Trotzdem heißt es, dass es eine eigenständige bretonische Küche nicht gäbe. Eine müßige Frage, wenn man sich in einem bretonischen Restaurant an den Tisch setzt und verwöhnen lässt. In den Gourmetrestaurants sind Speisen und Ambiente so erlesen wie an jedem anderen Ort hoher Kochkunst. Die Restaurantpreise sind kaum höher als in anderen Regionen Frankreichs: Ein gutes Menü ist schon um 25 Euro zu haben.

An erster Stelle stehen für Bretagnebesucher sicherlich die Meeresfrüchte. Sie sind von absoluter Spitzenqualität und so frisch wie nur möglich, denn die Köche verarbeiten die am selben Tag angelandeten Fänge und können sich dabei ausgesuchter Ware bedienen. Die Variationen der Zubereitung von Fisch und Meeresfrüchten sind unerschöpflich. Die ganze Bretagne ist ein Schlemmerparadies für die Liebhaber von Meeresfrüchten: *araignées*, Meerspinnen; *bigorneaux*, Strandschnecken; *crabes, dormeurs, tourteaux*, Taschenkrebse; *oursins*, Seeigel; *moules, palourdes* und *coques*, Muscheln; *crevettes*, Garnelen; *homard*, Hummer; *langoustes*, Langusten.

Meeresfrüchte aller Art gehören zu den Spezialitäten vieler bretonischer Restaurants

Die berühmtesten *huîtres*, Austern, heißen *bélons*, sind flach und stammen von der Südküste des Finistère. Hervorragend schmecken auch die Austern von Cancale an der Côte d'Émeraude. Man isst sie mit Zitrone, *pain de seigle* (Roggenbrot) und *beurre salé* (Salzbutter). Dazu wird meist Muscadet aus der Gegend südöstlich von Nantes, der ehemaligen bretonischen Hauptstadt, getrunken. Eine Delikatesse ist auch die heute recht teure *coquille Saint-Jacques*, die Jakobsmuschel von St-Brieuc, Concarneau und Camaret. Sie hat ein zartsaftiges, festes Fleisch und ist besonders schmackhaft, wenn sie nicht zu lan-

Bretonische Spezialitäten

Lassen Sie sich diese Köstlichkeiten gut schmecken!

Speisen

agneau aux fonds d'artichaud – Lamm auf Artischockenboden, eine Spezialität der Region Ille-et-Vilaine

bigoudens – kleines Mandelgebäck

blanquette de poule aux kunpods – Kloß aus Hühnerragout mit Rosinen, paniert und frittiert

cotriade – typisch bretonischer Fischeintopf, ein Gericht, das vor allem an der Nordküste verbreitet ist. Je nach Saison mit verschiedenen fangfrischen Atlantikfischen, Kartoffeln und Zwiebeln

godaille – Fischsuppenspezialität des Morbihan, für die nur kleine Fische verwendet werden

far breton – Nachtisch. Ein süßer Fladen aus Weizenmehl, Zucker, Eiern, Milch und Butter, mit Backpflaumen, Äpfeln oder Rosinen

galettes de sarrasin garnies – im Unterschied zu Crêpes bestehen *galettes* aus Buchweizenmehl; sie werden als klassischer *complète* mit Schinken, Käse und einem Ei garniert

hareng en papillote au four – zart in Pergamentpapier oder Alufolie gegarter Hering, Spezialität der Côtes d'Armor

kouign aman – bedeutet Butterkuchen; der Blätterteig ist mit gesalzener Butter bereitet. Wird gern nachmittags mit Cidre oder Tee nach einer Wanderung genossen

morue à la paimpolaise – an der Nordküste bekommt man das Stockfischgericht mit Kartoffeln und Rahmsauce, das typisch ist für die Côtes d'Armor

ragout de mouton aux navet – eine Spezialität des Morbihan: Hammel mit weißen Rübchen

Getränke

chouchen – aus Wasser und fermentiertem Honig wird der bretonische Met bereitet und als Aperitif oderDigestif getrunken

cidre – gehört auf jeden bretonischen Tisch und hat wie der Wein jeweils seinen spezifischen Geschmack und Charakter; unentbehrlicher Begleiter von Crêpes und *galettes*

mic – Kaffee mit einem Schuss Schnaps nach deftigem Mahl

ge gekocht wird. Schlichter, doch herzhaft sind die *moules marinières*, Miesmuscheln in Zwiebel-Weißwein-Sud.

Ein vorzüglicher Fisch ist der *merlu*, Seehecht oder Hechtdorsch, mit seinem festen, aromatischen Fleisch, der gegrillt, gebraten oder geräuchert auf den Tisch kommt. Der *barloup*, Wolfsbarsch, mit festem, feinem Fleisch, wird gebraten, gegrillt oder pochiert und ist meist Bestandteil der Fischsuppen.

Bei den Fleischgerichten dominiert seit alten Zeiten neben den Lamm- und Hammelgerichten der Salzwiesen, *prés-salés,* allerlei Schweinernes. Die Bretagne ist berühmt für ihre *cochonailles*, Schweinefleischwaren.

Eine ureigene bretonische Speise, das Nationalgericht schlechthin, sind Crêpes, auch wenn sie heute in Crêperien in ganz Europa zu haben sind. Crêpes werden aus Weizen- oder Buchweizenmehl, Puderzucker, Eiern und Milch zubereitet. Schlichte Pfannkuchen sind das beileibe nicht; Crêpes sind unvergleichlich hauchdünn, goldgelb und knusprig. Die Vielfalt der Crêpevariationen lässt keine Wünsche offen. Die dunkleren Crêpes aus Buchweizenmehl *(sarrasin)* werden meist mit salziger, Crêpes aus Weizenmehl *(froment)* mit süßer Füllung gegessen. *Galettes* sind wie die Crêpes ebenfalls traditionelle bretonische Bauernkost, allerdings dicker und weicher. Oft isst man sie um eine Bratwurst gewickelt oder mit verschiedenem salzigen oder süßen Zutaten belegt. Auch die kleinen bretonischen Butterbiskuits heißen *galettes.*

An Weinen aus der Region gibt es den Muscadet, einen frischen, trockenen Weißen, der in der Region um Nantes gedeiht. Er passt ideal zu Fisch und Meeresfrüchten. *Muscadet de Sèvre et Maine* heißt der beste. Ein leichter, trockener Weißwein ist der *Gros Plant du Pays Nantais*, der ebenfalls bei Nantes angebaut wird.

Edeldistel: blühende Artischocke

Wie im übrigen Frankreich besteht das Frühstück auch in der Bretagne oft nur aus einem Stück Baguette mit Butter und Marmelade bzw. Croissants und einem *café au lait.* Mittags wird zwischen 12 und 14 Uhr das *déjeuner* serviert, meist ein Menü aus drei Gängen.

Das Abendessen, *dîner,* fällt in die Zeit zwischen 19 und 22 Uhr. Es ist im Allgemeinen um rund ein Drittel teurer als das spezielle Mittagsmenü.

Beim Betreten eines Restaurants ist es in Frankreich üblich, dass die Bedienung dem Gast einen Tisch zuweist, wobei man natürlich auch eigene Wünsche äußern kann. Telefonische Tischbestellung empfiehlt sich auf jeden Fall an Wochenenden und bei teureren Restaurants.

MIEL de TREFLE
BRETON
mevel
Apiculteurs - Producte
29190 Lenno
poids net
500 g

Maritimes – nicht nur zum Essen

Es macht Vergnügen, über die Märkte der kleinen bretonischen Städte zu bummeln

Im Sommer finden besonders viele Märkte statt. Dann ist auch das Angebot an heimischen Produkten am größten, ob Gemüse, Obst oder Geflügel.

Weniger anregend und interessant ist der Einkauf im Supermarkt, den es am Rand jeder größeren Ortschaft gibt, doch die Auswahl ist bei guter Qualität groß, und die Preise machen dem Selbstversorger klar, dass Frankreich nicht teurer als zum Beispiel Spanien ist.

In den Städten erkundigen Sie sich am besten im Touristenbüro nach den Wochentagen, an denen Markt abgehalten wird. Außerdem ist ein Bummel durch die oft autofreien Geschäftsstraßen der Innenstädte immer interessant.

Viele Geschäfte werben mit so genannten *produits régionaux,* mit Erzeugnissen der Region, und mit bretonischen Spezialitäten. Teilweise ist ihr Warenangebot auch in anderen Läden und Supermärkten zu haben, wobei die Preise dort eher niedriger sind.

Die Geschäftszeiten sind in Frankreich nicht durch ein Ladenschlussgesetz geregelt: zum Vorteil der Kunden. Im Allgemeinen ist wochentags von 9 Uhr bis 12.30 Uhr und von 14.30 Uhr bis 19 Uhr geöffnet, in großen Supermärkten oft durchgehend bis 20 Uhr. Auch am Samstag können Sie in Ruhe während der genannten Zeiten einkaufen. Außerdem haben etliche Läden (Bäcker, Schlachter, Tabac, Souvenirläden, Boutiquen) am Sonntagvormittag geöffnet.

Bretonischer Honig wird nicht nur zur Metproduktion verwendet

Souvenirs sind vor allem Kunsthandwerkliches wie Keramik, Gold- und Silberschmuck mit bretonischem Design, bäuerliche Antiquitäten, Delikatessen wie *pralinés de Rennes* oder *berlingots de Nantes* (ein Gebäck), *jambon de Morlaix* oder *andouilles fumées* (geräucherte Kaldaunenwurst) aus Guémené-sur-Scorff.

Groß ist die Auswahl an alkoholischen Getränken wie Wein, Champagner und Likör. Typisch bretonisch sind Erdbeerlikör *(liqueur de fraises),* Apfelschnaps *(eau de vie de cidre)* und Honigmet *(chouchen)* aus Rosporden.

Nicht nur für Segler lohnt sich ein Blick in die Läden der *Coopérative des Pêcheurs* in Hafenorten. Neben Bootszubehör führen sie wetterfeste Freizeitkleidung für den Urlaub an der Küste.

Feste, Events und mehr

Religiöse Pardons, weltliche Tänze oder Musik – die Bretonen wissen zu feiern

So gut wie jede französische Stadt veranstaltet ihr sommerliches Festival. Das gilt auch für die Bretagne. Meist sind diese Festivals eine gelungene Mischung aus Musik-, Theater-, Tanz- und Folkloredarbietungen. Daneben spielen die traditionellen religiösen Pardons, die Wallfahrten, im Jahresablauf der ländlichen Bevölkerung eine zentrale Rolle.

Wallfahrten haben Tradition

Offizielle Feiertage

1. Januar *(Nouvel An)*; **Ostermontag** *(Lundi de Pâques)*; **1. Mai** *(Fête du Travail)*; **8. Mai** *Kriegsende 1945 (Fin de la Guerre en Europe)*; **Christi Himmelfahrt** *(Ascension)*; **Pfingstmontag** *(Lundi de Pentecôte)*; **14. Juli** *(Fête Nationale)*; **15. August** *(Assomption, Mariä Himmelfahrt)*; **1. November** *(Toussaint, Allerheiligen)*; **11. November** *(Armistice; Ende des Ersten Weltkriegs 1918)*; **25. Dezember** *(Noël, Weihnachten)*

Feste und lokale Veranstaltungen

April

Erquy: *Fête de la coquille Saint-Jacques*, Anfang April. Ein kostbares Geschenk des Meeres ist die Jakobsmuschel

Mai

Binic: *Fête de la morue*, Mitte Mai. Jahrhundertelang war der Kabeljau eine Lebensgrundlage.
Saint Brieuc: *Festival Art Rock*, 3. Wochenende. Die Bretonen lieben jede Art von Musik.

Mai/Juni

Moncontour: *Pardon de St-Mathurin*, Pfingsten. Wallfahrt zu Ehren des Heiligen

Juni

Cancale: *Marathon de la Baie du Mont-St-Michel,* 3. Sonntag. Großer Marathon in der Bucht von Mont-St-Michel

Insider Tipp *Festou-Noz,* 24. Juni. Traditionelle bretonische Musik- und Tanzfeste in vielen Orten

Juli

Ploërmel: *Les rencontres musicales internationales de Ploërmel,* Anfang Juli. Internationales Musikfestival, u. a. mit Gruppen anderer keltischer Stämme

Insider Tipp Rennes: *Les tombées de la nuit,* Anfang Juli. Sehr populäres Festival mit artistischen Darbietungen

★ Locronan: *Petite Troménie,* 2. Sonntag. 5 km Wallfahrt auf den Spuren des hl. Ronan

Le Relecq: *Pardon de Ste-Anne,* 3.Sonntag. Um 11.30 Uhr bretonische Messe, um 14.30 Uhr Festival de Musique

Quimper: *Festival de Cornouaille,* letzte Woche. Großes Folklorefest auf Plätzen und in Theatern

Insider Tipp Concoret: *Semaine arthurienne,* 2. Julihälfte. Veranstaltungen zur Artuslegende, bretonische Musik und mittelalterliche Märkte

Dinan: *Fête des Remparts,* vorletztes Wochenende. Ritter beim Turnier, edle Frauen, Bürger und Bauern versetzen Dinan zurück ins Mittelalter.

August

★ Lorient: *Festival Interceltique,* 2. Woche. Großes Treffen keltischer Musik-, Tanz- und Trachtengruppen

Douarnenez: *Pardon de la Mer,* 1. Sonntag. Wallfahrt zu Ehren des Meeres

Guingamp: *Festival de la danse breton et de Saint Loup,* 3. Woche. Mit Trachten- und Tanzgruppen

Corlay: *Fête de la Moisson,* Mitte August. Dreschfest nach alter Tradition mit Volksmusik

September

La Guerche-de-Bretagne: *Il était une fois Guerche,* 1. September. Historisches Fest des Städtchens

Ploudiry: *Pardon St-Antoine, 1. Sonntag.* Wallfahrt mit großem Volksfest

Tinténiac: *Ilèmes Montgolfiades,* 3. Wochenende. Treffen der Heißluftballons

Festival Interceltique in Lorient

Zauberwald und Ritterburgen

Auf den Spuren von Korsaren, Magiern und Austernfischern

Der Ostteil der Bretagne mit der Hauptstadt Rennes umfasst das Department Ille-et-Vilaine – so benannt nach den zwei Flüssen dieser Region, die in Rennes zusammenfließen. Hier, in der Haute-Bretagne, ist die Landschaft von eigenem Reiz: *Argoat,* das Land des Waldes, wie die innere Bretagne genannt wird, ist eine teils noch bewaldete, teils von Wiesen und weiten Hochflächen geprägte Region. Der Wald von Paimpont spielt in der Artussage eine zentrale Rolle. Das Gebiet hat sich seinen verwunschenen Zauber teilweise erhalten.

Der Norden des Departments grenzt ans Meer, von St-Malo und Dinard bis zur Bucht von Mont-St-Michel. Die *Côte d'Émeraude* besitzt einige der empfehlenswertesten Strände der Nordküste. Das Gebiet entlang der bretonischen Ostgrenze ist mit Burgen geradezu gespickt. Dies war in der wechselvollen Geschichte die oft umkämpfte Verteidigungszone. Burgenliebhaber kommen hier voll auf ihre Kosten: in Combourg, Vitré, Fougères, St-Aubin-du-Cormier, Châteaugiron, La Guerche und Landal.

Anziehungspunkt für Touristen aus aller Welt: Mont-Saint-Michel

RENNES

[120 A2] Die Hauptstadt (206 000 Ew.) der Bretagne umfasst ein dynamisches, auf Wachstum orientiertes Ballungsgebiet. Durch die von Paris bis kurz vor Rennes reichende Autobahn und die schnelle TGV-Verbindung der Eisenbahn in die französische Hauptstadt nahm die Entwicklung von der stillen, ernsten Provinzstadt zu einem modernen Gemeinwesen in den letzten zwei Jahrzehnten einen rasanten Aufschwung. Hinzu kommen 38 000 Studenten und 3000 Forscher an zwei Universitäten, zahlreichen Fachschulen und dem Forschungszentrum für Elektronik, Kommunikationswesen und Biotechnik. Sein heutiges nüchternes Aussehen – rechtwinkliges Straßennetz und viele klassizistische Häuserfassaden in der Altstadt – ist das Ergebnis des Wiederaufbaus nach dem verheerenden Stadtbrand 1720, bei dem 945 Häuser zerstört wurden. Der Gegensatz zwischen den klassizistischen Bauten und Avenuen rings um die schöne Place de la Mairie, die Place du Palais und den mittelalterlichen Gassen macht den Reiz von Rennes aus.

Samstags ist Markttag in Rennes

SEHENSWERTES

Altstadt
Im Kathedralenviertel hinter dem Rathaus liegen in schummrigen Gassen die ältesten, von der Feuersbrunst 1720 verschonten Häuser. aus dem 15./16. Jh., besonders in der *Rue du Chapître,* der Gasse der Galerien und Antiquare, in der pittoresken *Rue de la Psalette* und in der *Rue St-Sauveur,* in der eine Reihe von Fachwerkhäusern zu sehen sind.

Cathédrale Saint-Pierre
Die Kirche ist durch Zerstörung und Rekonstruktion ein Gemisch verschiedener Stile von der Gotik bis zum Neoklassizismus. Das stucküberladene Innere legt Zeugnis vom Geschmack des 19. Jhs. ab. Sehr schön ist der vergoldete flämische Schnitzaltar mit Szenen aus dem Marienleben (16. Jh.) in einer der Kapellen.

Parlament
An einem der schönsten Plätze Europas, der *Place du Palais,* steht das alte Parlament *(Palais du Parlement)* der Bretagne. Der Bau wurde 1618–54 errichtet; nach einem großen Brand mit schweren Schäden 1994 wurde er in alter Pracht wieder hergestellt.

Place de la Mairie
Blickfang ist das schöne Rathaus von 1734–42. Gegenüber liegt das Grand Théâtre von 1836, flankiert von Arkadenhäusern.

Place Sainte-Anne
Der lebhafte Platz wird von Fachwerkhäusern aus dem 16. Jh. eingefasst, in denen Crêperien, Cafés und Restaurants liegen.

MUSEEN

Musée de Bretagne/ Musée des Beaux Arts
Zwei Museen unter einem Dach: Das sehr gut ausgestattete *Musée de Bretagne* zeigt kulturhistorische Sammlungen von der Römer- und Gallierzeit bis heute. Das *Musée des Beaux-Arts* besitzt eine ausgezeichnete Gemäldegalerie mit Werken von Rembrandt, Georges de la Tour, Tintoretto und Paolo Veronese, außerdem wichtige Bilder der Schule von Pont-Aven. *Mi–Mo 10–12 und 14–18 Uhr, 20, quai Emile Zola*

ESSEN & TRINKEN

Auberge Saint-Sauveur
Traditionelle Küche in rustikalem Rahmen in einem Haus aus dem 16. Jh. *6, rue St-Sauveur, Tel. 02 99 79 32 56,* €€

Crêperie la Bonne Pâte
Intime Atmosphäre, und dazu vorzügliche Crêpes. *6, rue Derval, Tel. 02 99 38 88 87, Mo geschl.,* €

Crêperie Sainte-Anne
Die älteste und populärste Crêperie von Rennes befindet sich in einem alten Fachwerkhaus. Preisgünstig. *5, place Ste-Anne, kein Ruhetag, Tel. 02 99 79 22 72,* €

L'Escu de Runfao
Exzellente Küche in einem schönen Fachwerkhaus in der Altstadt, mit Sommerterrasse. *11, rue de Chapître, Tel. 02 99 79 13 10, Sa mittags und So abends geschl.,* €€–€€€

EINKAUFEN

Tipp für Liebhaber von Maritimem: Bei *Smugglers, rue du Chapître,* finden Sie z. B. alte Kompasse,Ferngläser, Schiffsmodelle, Uhren. Der drittgrößte Wochenmarkt Frankreichs mit vielen Fischständen und den Früchten der Saison wird Samstagvormittags auf der *Place des Lices* abgehalten. Ein Floh- und Antiquitätenmarkt findet donnerstags in der *Halle Centrale, Boulevard de la Liberté,* statt.

ÜBERNACHTEN

Anne de Bretagne
Nahe der Altstadt gelegen, komfortabel. Ohne Restaurant. *43 Zi., 12, rue Tronjolly, Tel. 02 99 31 49 49, Fax 02 99 30 53 48, www.hotel-anne-de-bretagne.fr,* €€

Garden
Kleines Familienhotel mit Zimmern zum Patio. Ohne Restaurant. *24 Zi., 3, rue Duhamel, Tel. 02 99 65 45 06, Fax 02 99 65 02 62,* €

Relais Mercure
Das komfortable Hotel ist in einem stattlichen Gebäude aus dem 19. Jh. untergebracht. *48 Zi., 6, rue Lanjuinais, Tel. 02 99 79 12 36, Fax 02 99 79 65 76,* €€–€€€

Inter-Hotel Le Sévigné
Freundlicher Empfang, komfortable Ausstattung. *44 Zi., 47, avenue Janvier, Tel. 02 99 67 27 55, Fax 02 99 30 66 10, www.hotel-sevigne.fr,* €€

MARCO POLO Highlights »Ille-et-Vilaine«

★ **Fougères**
Eine der größten Burgen Europas (Seite 31)

★ **Dol-de-Bretagne**
In dem Bischofsstädtchen steht die schönste gotische Kathedrale der Bretagne (Seite 36)

★ **Forêt de Paimpont**
Spaziergänge im Wald der Ritter, Zauberer und Feen (Seite 31)

★ **Saint-Malo**
Die Korsarenstadt ist eine einmalige Sehenswürdigkeit (Seite 32)

Konservieren statt demolieren

Wie die bretonische Küste geschützt wird

Spanische Verhältnisse wünscht man sich nicht in der Bretagne. Hochhausketten am Strand, zubetonierte Küsten und ähnliche Auswüchse des Massentourismus sollen mit allen Mitteln vermieden werden. Dieser Aufgabe stellt sich der staatliche *Conservatoire du Littoral.* Bereits 10 Prozent der französischen Küste ist von ihm aufgekauft oder notfalls enteignet und so vor Verbauung oder Zerstörung durch den Verkehr bewahrt oder wieder in seinen ursprünglichen Zustand zurückversetzt worden.

AM ABEND

Dank der Studenten ist das Nachtleben von Rennes munter und abwechslungsreich. Einer der beliebtesten Treffpunkte ist *Bar-Pub La Banque, 5–7 Rallier du Baty.*

AUSKUNFT

Office de Tourisme
11, rue St-Yves, 35064 Rennes, Tel. 02 99 67 11 11, Fax 02 99 67 11 00, www.ville-rennes.fr

ZIELE IN DER UMGEBUNG

Bain-de-Bretagne **[120 A3]**
In dem Städtchen an der alten Salzstraße 26 km südlich von Rennes (5000 Ew.) sind zahlreiche Häuser aus dem 15./16. Jh. erhalten. Viele Besucher lockt jedoch vor allem die schöne, waldreiche Umgebung von Bain-de-Bretagne mit dem südlich des Orts gelegenen *Étang de la Bornière*, einem beliebten Wassersportzentrum.

Bécherel **[119 F1]**
Mittelalterlicher, einst befestigter Ort (600 Ew., 27 km nordwestlich von Rennes) auf einer Anhöhe, der von 1123 bis 1790 Sitz der Herren von Dinan war. Das westlich gelegene *Château de Caradeuc* (Privatbesitz) war einst Wohnsitz des berühmten Präsidenten des bretonischen Parlaments, Louis-René, Marquis de La Chalotais. Der prächtige Park darf besichtigt werden. Bécherel gehört seit 1988 zu den mittlerweile acht europäischen *book towns* und hat elf Antiquariate. Info: *Mme Stéphan, Syndicat d'Initiative, Tel. 02 99 66 75 23*

Combourg **[117 D6]**
Im Schloss des 31 km nördlich von Rennes liegenden Orts (4800 Ew.) verlebte der Schriftsteller François René de Chateaubriand (1768 bis 1848) die Kindheit. In »Erinnerungen von jenseits des Grabes« berichtet er vom abgeschiedenen, schwermütigen Leben in dem düsteren Schloss. In der *Tour de Chat* liegt das Zimmer des jungen Chateaubriand. Das Schloss, gegründet im 11. Jh. vom Bischof von Dol, wurde im 19. Jh. im romantischen Stil umgebaut. *April–Okt. Mi–Mo, Führungen 14–17.30, Park 9–12 Uhr*

Insider Tipp
Écomusée du Pays de Rennes **[120 A2]**
Das interessante Landwirtschaftsmuseum ist allen Aspekten des bäuerlichen Lebens der letzten 500 Jahre gewidmet. Neben Kostümen, alten Arbeitsgeräten, Wohn- und Arbeitsstätten etc. können mehr als ein Dutzend alter Haustierrassen betrachtet werden. Das Écomusée liegt knapp 10 km außerhalb von Rennes in der alten *Ferme de la Bintinais. Tgl. April–Sept. 9–18, sonst Mo–Fr 9–12 und 14–18, Sa 14–18, So 14–19 Uhr*

Forêt de Paimpont **[119 E2]**
★ 28 km südwestlich von Rennes liegt der Wald von Paimpont, in der Sage als Wald von Brocéliande das Reich des Zauberers Merlin und der Fee Viviane. Lancelot und seine Gefährten waren hier ebenfalls zu Hause. Noch immer wirkt dieser größte Wald der Bretagne (70 km^2) in einigen Partien romantisch und märchenhaft. Der Marktflecken Paimpont liegt mitten im Wald. Von der im 7. Jh. gegründeten Abtei ist die Kirche (13. Jh.) mit interessantem Inneren erhalten.

Fougères **[120 C1]**
★ Hauptattraktion der Grenzstadt 48 km nordöstlich von Rennes (25 000 Ew.) ist die Burg. Mit ihren elf Türmen, 5 m dicken und 30 m hohen Mauern ist sie eine der größten Wehranlagen Europas. Während die Stadt selbst auf einem hohen Felsen über dem Tal des Nançon erbaut ist, steht die Burg auf einer felsigen Halbinsel im Fluss. Der Bau der Anlage erstreckte sich vom 12. bis ins 15. Jh.

Bei einem Rundgang bietet sich von der *Tour Mélusine* (13./14. Jh.) an der Westseite eine schöne Aussicht auf die Burganlage und die Stadt. Im Raoul-Turm ist ein kleines Schuhmuseum untergebracht, das die einst bedeutende

Château Fougéres wurde im 12. Jh. zur wehrhaften Burg ausgebaut

Rolle der Schuhindustrie von Fougères beleuchtet *(Sommer tgl. 9 bis 19 Uhr)*. Weitere Sehenswürdigkeiten von Fougères sind die *Église St-Sulpice* (14.–18. Jh.) mit reicher Innenausstattung, darunter schöne Altarblätter in den Kapellen. Empfohlen seien die beiden Hotels *Voyageurs, 37 Zi., 10, place Gambetta, Tel. 02 99 99 08 20, Fax 02 99 99 99 04, €€–€€€*, und *Commerce, 23 Zi., 3, place de l'Europe, Tel. 02 99 94 40 40, Fax 02 99 99 17 15, €€–€€€*.

La Guerche-de-Bretagne [120 B3]
Das befestigte Städtchen 40 km südöstlich von Rennes (4000 Ew.) besitzt malerische mittelalterliche *Fachwerkhäuser* und Bauten aus der Zeit, als Bertrand Du Guesclin Seigneur der Baronie war, sowie die Kirche *Notre-Dame* (Chor aus dem 13. Jh., schönes Chorgestühl von 1525). Berühmt ist der seit 1121 jeden Dienstag stattfindende *Markt*.

Montfort [119 E1–2]
Schönes altes Städtchen (4400 Ew.) 19 km westlich von Rennes. Erhalten ist von der 1091 gegründeten Burg nur der Burgturm *Papegaut*, in dem das *Écomusée du Pays de Montfort* untergebracht ist *(Sommer tgl. 10–12 und 14–18 Uhr)*. In dem Geburtshaus des später heilig gesprochenen Missionars Louis-Marie Grignion (1673–1716) befindet sich ein kleines *Museum (rue de la Saulnerie, Sommer tgl. 10–12 und 14–18 Uhr)*.

Vallée de la Vilaine [119 D–E 3–4]
Auf einer Rundfahrt bis Redon erlebt man die Schönheiten des Flusstals mit seinen Schluchten, Schlössern und Abteien. In *Le Boël* sind eine Schleuse und Mühlen aus dem 17. Jh. erhalten. Über *Guipry*, einen alten Handelsplatz, gelangen Sie nach *Langon* mit einer schönen alten Kirche und der gallorömischen *Kapelle Ste-Agathe*, einst ein der Liebesgöttin geweihter Tempel mit Venusbild. *60 km südwestlich von Rennes*

Vitré [120 B2]
Die 40 km südöstlich von Rennes an der Ostgrenze der Bretagne liegende Stadt (13 500 Ew.) hat viele alte Bauten und eine besonders stimmungsvolle mittelalterliche Atmosphäre vorzuweisen. Mitten in der teils noch mit Stadtmauern umgürteten Altstadt erhebt sich auf einer Felsnase die stolze *Burg*. Sehr lohnend ist die Besichtigung. In der *Tour St-Laurent* befindet sich ein *Museum* mit Wandteppichen und mittelalterlichen Skulpturen, in der *Tour de l'Oratoire* mit Kapelle ist ein schöner Flügelaltar mit 32 Emailletafeln aus Limoges zu sehen. *Tgl. 9–12.30 und 14–18 Uhr*

SAINT-MALO

Karte in der hinteren Umschlagklappe

[117 D5] ★ Die alte Korsarenstadt (48 000 Ew.) mit ihrer hohen Ringmauer und den nach den Zerstörungen im Zweiten Weltkrieg im Originalstil wieder aufgebauten grauen Granithäusern ist die schönste Stadt an der bretonischen Nordküste. Durch die Eingemeindung der Nachbarorte Rothéneuf, Paramé und St-Servan ist St-Malo allerdings längst dem historischen Kostüm entwachsen. Wie früher spielt der Handel mit England,

Blick von der Stadtmauer in St-Malo über den Strand aufs Meer

Skandinavien und Deutschland eine wichtige Rolle. Dazu kommen industrielle Unternehmen u. a. der Elektronik, der Bekleidung, des Druckgewerbes und der Kältetechnik. Besucher werden vor allem in der *Ville Close*, der Altstadt, bummeln. Die engen Gassen zwischen den hohen Granithäusern, die Promenade auf den Wällen mit weiter Aussicht auf das Meer und die Bucht, in die St-Malo auf einer Halbinsel gebaut ist, bilden ein unvergleichliches Ensemble. Man spürt noch etwas vom Stolz und Mut der ehemaligen Bewohner, die als Seeleute und Korsaren alle Meere befuhren – und in Kriegszeiten unsicher machten. Jacques Cartier, der Entdecker Kanadas, ist einer der großen Söhne der Stadt.

SEHENSWERTES

Château

Das Schloss an der Nordseite der Altstadt wurde im 15. Jh. von Herzog Franz II. und seiner Tochter Anne de Bretagne erbaut. Der kleine Donjon entstand schon 1395 als Teil der Befestigungen. Neben dem Rathaus sind hier in verschiedenen Türmen Museen untergebracht. *Ostern–Sept. tgl., sonst Mi–Mo*

Fort National

Von der *Plage de l'Eventail* erreicht man bei Ebbe die vorgelagerte Befestigung (1689) von Vauban. Von den Wällen bietet sich ein herrlicher Rundblick auf St-Malo und die Umgebung der Stadt. Eindrucksvoll ist auch die Kerkerbesichtigung. *Mitte Juni–Sept. tgl. Führungen bei Ebbe*

Grand Aquarium

Die Unterwasserpracht aller Weltmeere ist hier in 45 Becken, verteilt auf acht Säle, zu bestaunen. Mit Kino, Restaurantbar, Picknickareal. *Sommer tgl. 9–20, Aug. bis 22 Uhr, Vor- und Nachsaison 10–18.30 bzw. 9.30–19 Uhr*

Île du Grand Bé

Auf der kleinen Felsinsel vor St-Malo fand Chateaubriand die letzte Ruhe. Das schlichte Grab mit Granitkreuz trägt keinen Namen. Das Eiland ist nur bei niedrigen Wasserständen zu erreichen. Vom höchsten Punkt der Insel haben Sie einen schönen Rundblick über St-Malo und die Küste.

Paramé

Mondäner Badeort mit prächtigen Stränden und Promenade östlich der Altstadt von St-Malo. Beim Grand Hôtel von 1880 liegen die *Thermes Marins*, das zweite bretonische Zentrum für Thalassotherapie nach Quiberon.

Rothéneuf

In dem östlich sich anschließenden Stadtteil mit zwei Stränden liegt das *Manoir Limoëlou (rue David Macdonald Stewart)*, das einst im Besitz von Jacques Cartier (1494–1534) war und heute ein Museum ist *(Informationen über Führungen Tel. 02 99 40 97 73)*.

An der Küste kann man eine erstaunliche Entdeckung machen: In den Granitfelsen gemeißelt, tummelt sich auf gut 500 m Länge unmittelbar am Meeressaum eine Insider Tipp abenteuerliche Gesellschaft von höchst realistisch gestalteten Figuren. Neben Fischern und Schmugglern geben sich hohe Herrschaften und niederes Bauernvolk ein Stelldichein, das nichts weniger darstellt als die sagenhafte Familiengeschichte der Rothéneufs, eines im 16. Jh. in St-Malo ansässigen Geschlechts von Seeleuten, Piraten und Schmugglern. Geschaffen hat die kuriose Versammlung von rund 300 Figuren in 25-jähriger Arbeit der Priester Fouré (1839–1910) aus St-Malo.

Stadtmauern

Der Spaziergang zwischen der *Porte St-Thomas* und der *Bastion de la Hollande* dauert etwa eine halbe Stunde und bietet herrliche Ausblicke aufs Meer und die vorgelagerten Inseln.

MUSEEN

Musée d'Histoire de la Ville

Das Museum im Bergfried (Donjon) des Château vermittelt mit seinen Sammlungen ein lebendiges Bild der großen Vergangenheit von St-Malo als Seehandelshafen und Korsarenstadt. Von den Wachttürmen haben Sie eine großartige Aussicht. *Tgl. 10–12 und 14–18 Uhr, im Winter Mo geschlossen*

Musée International du Long Cours Cap-Hornier

Im Badeort St-Servan südlich der Altstadt von St-Malo liegt das spannende Museum der Kap-Hoorn-Fahrer in der *Tour Solidor* beim Hafen. *Tgl. 10–12 und 14–18 Uhr, im Winter Mo geschl.*

ESSEN & TRINKEN

Le Cap Horn

Blick aufs Meer, schöner Speisesaal und eine ausgezeichnete Küche. *100, boulevard Hébert, Tel. 02 99 40 75 40, kein Ruhetag,* **€€**

Le Chalut

Die Spezialität des Küchenchefs sind gegrillter Hummer und feine Fischgerichte; auf die raffinierten Desserts sollte man nicht verzichten. *8, rue de la Corne de Cerf, Tel.*

02 99 56 71 58, Mo/Di geschl., €€€

Saint-Placide
Hübsch an einem kleinen, schattigen Platz gelegen. Stärken des Küchenchefs sind vor allem die gute Fischsuppe und fein zubereitete Fische und Meeresfrüchte: Langusten, Steinbuttfilet, Lachs und Austern von Cancale. *6, place Poncel, Tel. 02 99 81 70 73, Mi geschl.,* €–€€

ÜBERNACHTEN

Armor
Im Stadtteil und Badeort Paramé gelegenes, gemütlich-stilvolles Haus. *12 Zi., 8, rue Président R. Schuman, Tel. 02 99 56 00 75, Fax 02 99 56 96 12,* €–€€

Central
Gepflegtes Hotel in der Altstadt mit Restaurant. *46 Zi., 6, Grande Rue, Tel. 02 99 40 87 70, Fax 02 99 40 47 57, www.hotel-central-st-malo.com,* €€–€€€

La Cité
Mitten in der Altstadt. Meerblick, jeder Komfort. *41 Zi., 26 rue Ste-Barbe, Tel. 02 99 40 55 40, Fax 02 99 40 10 04, www.hotelcite.com,* €€

Grand Hôtel de Courtoisville
Stilvoll und elegant eingerichtet, schöner Garten. *47 Zi., 69, boulevard Hébert, Tel. 02 99 40 83 83, Fax 02 99 40 57 83, www.courtoisville.com,* €€–€€€

Résidence Neptunia
Moderne Studios für zwei bis vier Personen in unmittelbarer Strandnähe. *102, boulevard Hébert, Tel. 02 99 40 75 75, Fax 02 99 40 76 00, www.thalassosaintmalo.com, 400–850 Euro pro Woche*

AM ABEND

Es gibt in der Altstadt mehrere gemütliche Bars.
Jazz im *L'Equinoxial, 3, rue du Puits aux Braies*
Pianobar: *Le Cunningham's, 2, rue Hauts Sablons*
Disko: *L'Escalier, La Buzadière*

FREIZEIT & SPORT

Tennis, Reiten, Golf. Wassersport, Verleih von Segel- und Motorbooten: *St-Malo Station Voile, place du Prieuré, Tel. 02 99 56 18 88, Fax 02 99 40 28 66*

AUSKUNFT

Office de Tourisme
Esplanade St-Vincent, 35400 St-Malo, Tel. 02 99 56 64 48, Fax 02 99 56 67 00, www.saint-malo-tourisme.com

ZIELE IN DER UMGEBUNG

Cancale **[117 D5]**
Austern sind die Attraktion des Fischerstädtchens 14 km östlich von St-Malo(4900 Ew.). Am Hafen und am Strand reihen sich die Restaurants, in denen die Köstlichkeiten aufgetischt werden. Spitze – auch preislich! – ist *Les Maisons de Bricourt, auch 19 Zi., 1, rue Duguesclin, Tel. 02 99 89 64 76,* €€€.

Die weitläufigen Austernbänke liegen beim Hafen La Houle. Schön ist der Küstenpfad zur *Pointe de Grouin,* (Insider Tipp) von wo sich ein herrlicher Blick über die Küste bis zum Cap Fréhel und auf die Bucht von Mont-St-Michel bietet.

Vor der bis zu 40 m über dem Meer aufragenden Landspitze liegt die kleine *Île des Landes,* ein Vogelreservat.

Château du Bos **[117 D5]**
Eines der schönsten Landschlösser der reichen Reeder und Korsaren (Ende des 17. Jhs.), 9 km südlich von St-Malo in einem großen Park gelegen, der an das Ufer der Rance grenzt. *Führungen Juli/Aug. tgl. 15.30 Uhr*

Dinard **[117 D5]**
Die englische Aristokratie hat vor der Wende zum 20. Jh. den Ruf des mondänen Seebads (10 000 Ew.) begründet: elegant, mit großen Villen der Belle Époque, Kasino, schöner Promenade am feinen Sandstrand und noblen Hotels. In der Villa Eugénie, erbaut zu Ehren der Kaiserin Eugénie, die 1868 die Badesaison eröffnete, ist das *Musée du Site Balnéaire.* Neben der kulturgeschichtlichen Abteilung über die Region ist der Geschichte von Dinard breiter Raum gegeben. *Tgl. außer So 10–12 und 14–18 Uhr, 12, rue Pichot.* Sehenswert ist auch das *Musée de la Mer* mit Aquarium, *17, avenue Georges V, Mo–Sa 10.30 bis 12.30 und 15.30–19.30, So und feiertags 14.30–19.30 Uhr*

Besonders prachtvolle Villen stehen auf der *Pointe de la Malouine* und der *Pointe du Moulinet.* Ein schöner Spaziergang führt am Meer entlang: Die *Promenade du Clair de Lune* ist ein Muss am Abend! Im Sommer finden hier regelmäßig bei zauberhafter Beleuchtung Konzerte statt. Die *Plage de l'Écluse* mit Kasino ist elegant, die *Plage du Prieuré* familiärer. Sehr schön an der Plage de l'Écluse gelegen ist das Hotel *Reine Hortense, 8 Zi., 19, rue Malouine, Tel. 02 99 46 54 31, Fax 02 99 88 15 88, €€€.* Ein Haus mit jedem Komfort ist das *Novotel Thalassa* mit Thalassotherapiezentrum und beheiztem Meerwasserbad, *106 Zi., avenue du Château-Hébert, Tel. 02 99 16 78 10, Fax 02 99 16 78 29, www.thalassa.com, €€€. 10 km westlich von St-Malo*

Dol-de-Bretagne **[117 D–E6]**
Mit der ★ *Kathedrale St-Samson* besitzt die ehemalige Bischofsstadt (5000 Ew.) das größte und schönste Gotteshaus der Bretagne in normannischer Gotik. Es wurde im 12./13. Jh. erbaut und im 16. Jh. vollendet. Besonders beachtenswert ist die reich verzierte, große Vorhalle. Das Kirchenschiff ist 100 m lang und 20 m hoch. Den Chor schmücken große, leuchtende Fenster mit Bibelszenen (13. Jh.). Eine Attraktion ist das 1999 eröffnete *Cathedraloscope* gegenüber der Kathedrale. Hier wird auf höchst informative und lebendige Art der Bau der großen Kathedralen in Modellen, Tafeln, Leuchtkästen u. a. dargestellt. Dabei erfährt man alles über die Bautechnik, die Baumeister und Arbeiter, die Symbolik des Baus, der Statuen und Glasfenster. *Place de la Cathédrale, Mai bis Nov. tgl. 9.30–19.30, sonst tgl. 10–18 Uhr.* Neben der Kathedrale zeigt das *Musée Historique (tgl. 9.30–18 Uhr)* im früheren Domstift stadtgeschichtliche Sammlungen und Volkskunst. An die Zeit als wichtige Handelsstadt erinnern die schönen mittelalterlichen Fachwerkhäuser. *25 km südöstlich*

Insider Tipp

Biblische Szenen schmücken die bunten Fenster der Kathedrale St-Samson

Mont-Saint-Michel [117 E5]
Der berühmte Klosterberg 55 km östlich von St-Malo, beliebtes Pilgerziel im Mittelalter, bietet schon von weitem einen phantastischen Anblick. Bei einem Umfang von 800 m ist er einschließlich der vergoldeten Statue des Erzengels Michael auf der Spitze der Abteikirche 150 m hoch. Ein 1,5 km langer Damm verbindet den Klosterberg mit dem Festland. Die im 11./12. Jh. erbaute Abtei mit der 1020 begonnenen Abteikirche und den herrlichen gotischen Bauten des *Merveille*, Wunder, genannten Nordflügels, des Kreuzgangs, Refektoriums und die unterhalb des Klosters gelegene *Ville* mit (teuren) Hotels, Restaurants und dem hübschen Abteigarten sind im Sommer oft überlaufen.

Ausführliche Informationen zum Mont-Saint-Michel finden Sie im MARCO POLO Band »Normandie«.

Pleudihen-sur-Rance [117 D6]
In einem Bauernhof 22 km südlich von St-Malo ist das interessante *Musée de la Pomme et du Cidre* untergebracht. *Juni–Aug. tgl. 10 bis 19 Uhr, April, Mai und Sept. tgl. außer So 14–19 Uhr*

Usine Marémotrice de la Rance [117 D5]
Das wenige Kilometer südlich von St-Malo gelegene Gezeitenkraftwerk erreicht man über die Straße von St-Malo nach Dinard. Sie führt über einen 750 m langen Damm, der die Mündung der Rance verschließt. In den Damm wurde 1966 das erste Gezeitenkraftwerk der Welt gebaut. Es produziert pro Jahr 550 Mio. kWh Strom – das ist eine Menge, die ausreicht, um den jährlichen Stromverbrauch einer Stadt wie Rennes zu decken. Die Gezeitenströme zählen mit bis zu 14 m Tidenhub zu den stärksten der Welt.

Rosa Fels und weißer Strand

Blinkende Leuchtfeuer, wilde Meereswogen und im Hinterland Fachwerkstädtchen mit eigenem Charme

Unter der Bezeichnung Côtes d'Armor, der aus Gründen der besseren Übersichtlichkeit für die bretonische Nordküste gilt, sind mehrere Abschnitte mit klangvollen Namen und einer überaus reizvollen Felsküste versammelt – einer der markantesten Felsen ist das Cap Fréhel. Die Côte de Goëlo schließt sich nordwestlich an die Côte d'Émeraude an und ist mit ihren kleinen Fischerhäfen, Dörfern und Bauernhöfen unverfälschte Bretagne.

Vom Leben und Kampf mit dem Meer zeugen viele kleine Kapellen und Häfen wie Binic, von wo einst die Fischerboote in die eisigen Gewässer von Neufundland und Island ausfuhren. Auch die Côte de Granit Rose ist ursprüngliche Bretagne, das heißt, die Bewohner halten an alten Traditionen fest und sprechen zum Beispiel in der Hafenstadt Lannion noch auf der Straße bretonisch. Auch Tréguier, in einem tiefen, fjordartigen Meereseinschnitt, liegt abseits der Touristenströme. Das kann für den ganzen westlichen Teil der Côtes d'Armor gelten.

Die untergehende Sonne überflutet die Steilküste des Cap Fréhel mit rötlichwarmem Licht

Ginster und Erika in voller Blüte

Dinan

Karte in der hinteren Umschlagklappe

[117 D6] ★ Eingefasst von turmbewehrten, 3 km langen Wallmauern und beherrscht von dem mächtigen Schloss, gehört die Altstadt von Dinan (12 000 Ew.) zu den schönsten unter den bretonischen Städten. Beim Spaziergang durch die Gassen mit ihren Fachwerkhäusern, stolzen Bürgerhäusern und Kirchen glaubt man sich ins Mittelalter versetzt. Die Lage der Altstadt über der Rance, die hier eine fjordartige Bucht bildet, ist von besonderem Reiz. Herzogin Anne de Bretagne pflegte die Stadt als »Schlüssel zu meiner Schatulle« zu bezeichnen. Im 18. Jh. war Dinan eine bedeutende Handelsstadt;

Basilique Saint-Sauveur

exportiert wurden Tuch, Leinwand, Holz, Getreide, Leder. Bedeutend sind heute die Lebensmittel- und Elektroindustrie.

SEHENSWERTES

Basilique Saint-Sauveur

Fassade und Südmauer sind romanisch, Schiff, Querschiff und Seitenkapellen der Basilika gotisch. Der Hauptaltar stammt aus dem 18. Jh. Das schöne Glasfenster über dem Portal zeigt die Verklärung Jesu. Im nördlichen Querschiff ist in einem Grabstein aus dem 14. Jh. das Herz des berühmten Feldherrn Bertrand du Guesclin (1320–80) beigesetzt, der 1357 bei der Verteidigung von Dinan den englischen Ritter Canterbury im Zweikampf besiegte und so die Engländer zwang, die Belagerung der Stadt aufzuheben. Aus dem alten Friedhof wurde der *Jardin Anglais*, von dem sich schönste Aussichten auf Stadt und Fluss bieten.

Château

Das wehrhafte Schloss besteht aus dem mächtigen, 34 m hohen *Donjon* (1384–87), der *Porte du Guichet* und der *Tour de Coëtquen*, die im 16. Jh. durch Mauern verbunden wurden. Im Donjon ist das Stadtmuseum untergebracht. Besonders schön ist die Sammlung von Spitzenhäubchen, die früher auch im Alltag getragen wurden. *Juni–Mitte Okt. tgl. 10–19.15 Uhr*

Remparts

Mit einer Länge von 3 km umschließt die Stadtmauer fast die gesamte Altstadt. Erhalten sind 16 Türme bzw. Tore. Man kann auf den Stadtwällen, *der Promenade des Grands-Fossés* oder der *Promenade des Petit-Fossés* zwischen Porte de Brest und Château an ihr entlanggehen.

Tour de l'Horloge

Im Turm (14. Jh.) hängt die Glocke, die Herzogin Anne de Bretagne 1507 der Stadt schenkte. Schöner Blick auf die Stadt und das Tal der Rance.

MUSEUM

Musée d'Art et d'Histoire du Pays de Dinan

In den verschiedenen Räumen, Kapellen und Sälen sind Heiligenfiguren, Möbel und Kunsthandwerk untergebracht. *Sommer tgl. 10 bis 19.15 Uhr, im Schloss, Donjon de la Duchesse Anne*

ESSEN & TRINKEN

La Caravelle
Hier bekommen Sie bretonische Küche auf Spitzenniveau in geschmackvollen Räumlichkeiten geboten. *14, place Duclos, Tel. 02 96 39 00 11, So abends und Mi geschl.,* €€–€€€

Crêperie Ahna
Crêpes in reicher Auswahl und viele andere bretonische Spezialitäten. *7, rue de la Poissonnerie, Tel. 02 96 39 09 13, kein Ruhetag,* €

Chez La Mère Pourcel
In dem Fachwerkhaus aus dem 15. Jh. verbindet sich elegant-rustikales Ambiente mit einer wirklich erstklassigen Küche. *3, place des Merciers, Tel. 02 96 39 03 80, Mo geschl.,* €

EINKAUFEN

Bretonische Produkte vom Lande bietet in großer Auswahl die *Fermette du Menhir, 17, place des Cordeliers.* Märkte finden Donnerstagvormittag auf der *Place du Champ* und der *Place du Guesclin,* Samstags in der *Rue Carnot* statt.

ÜBERNACHTEN

Le d'Avaugour
Stilvoll eingerichtetes Hotel mit allem Komfort, mitten in der Stadt gelegen, erstklassiges Restaurant. *21 Zi., 3 Suiten, 1, place du Champ Clos, Tel. 02 96 39 07 49, Fax 02 96 85 43 04, avaugour.hotel@wanadoo.fr,* €€–€€€

Les Grandes Tours
Zentral, doch die Zimmer nach hinten sind ruhig, und das Hotel hat eine Garage. *35 Zi., 6, rue du Château, Tel. 02 96 85 16 20, Fax 02 96 85 16 04, carregi@wanadoo.fr,* €–€€

Tour de l'Horloge
Kleines, komfortables Altstadthotel, kein Restaurant. *12 Zi., 5, rue de la*

MARCO POLO Highlights »Côtes d'Armor«

★ **Dinan**
Eine der schönsten bretonischen Städte mit vielen Fachwerkhäusern (Seite 39)

★ **Fort de la Latte**
Mittelalterliche Burg an wilder Felsenküste (Seite 42)

★ **Île de Bréhat**
Die kleine Insel bei Paimpol lockt mit üppiger Vegetation (Seite 49)

★ **Ploumanac'h**
Kunstwerke der Natur sind die Felsen der Côte de Granit Rose (Seite 45)

★ **Cap Fréhel**
Grandioses Panorama der Nordküste (Seite 42)

★ **Les Sept Îles**
Der Archipel der sieben Inseln ist ein einziges Vogelparadies (Seite 45)

Chaux, Tel. 02 96 39 96 92, Fax 02 96 85 06 99, €€

AUSKUNFT

Office de Tourisme
6, rue de l'Horloge, 22100 Dinan, Tel. 02 96 87 69 76, Fax 02 96 87 69 77, www.dinan-tourisme.com

ZIELE IN DER UMGEBUNG

Cap Fréhel [116 C5]
★ Das spektakulärste Kap der Bretagne 60 km nordwestlich von Dinan steigt 70 m empor und bietet ein grandioses Panorama bis zur Île de Bréhat. Der 76 m hohe Leuchtturm ist einer der stärksten Frankreichs (Reichweite über 100 km). Ein großes Erlebnis ist die halbstündige Klettertour (festes Schuhwerk!) um das Kap. Man kann das Kap aber auch mit dem Ausflugsboot von St-Malo umrunden.

Insider Tipp
Château de la Bourbansais [117 D6]
Eines der elegantesten Schlösser der Bretagne, 15 km südöstlich von Dinan. Es wurde 1583 begonnen, aber erst 1745 fertig gestellt. Räume mit schönem Mobiliar, Porzellansammlung. Im Park befindet sich ein zoologischer Garten mit exotischen Tieren. *Tgl. April–Sept. 10 bis 19, sonst 14–18 Uhr*

Château de la Hunaudaye [116 C6]
Mächtige Burgruine 35 km östlich von Dinan, begonnen um 1220 und erweitert im 14. Jh. Während der Revolution zerstört, wurde sie 1930 vom Staat übernommen. *Sommer Mo–Sa 11–13 und 14.30 bis 19, So 14.30–19 Uhr*

Fort La Latte [116 C5]
★ Die im 13. Jh. erbaute und mehrfach restaurierte Burg 55 km nordwestlich von Dinan liegt höchst malerisch an der wilden Felsküste beim Cap Fréhel. Sie hat sich ihren wehrhaften mittelalterlichen Charakter bewahrt. *Tgl. Juli/Aug. 10–19, Juni und Sept. 10 bis 12.30 und 14.30–18.30 Uhr*

Léhon [117 D6]
Sehenswert ist in dem im Tal der Rance gelegenen Städtchen 2 km südlich von Dinan die schöne Kirche der 850 von Nomioë, dem ersten bretonischen König, gegründeten ehemaligen Abtei. Im Innern die Gräber der bedeutenden Familie Beaumanoir. Kreuzgang mit Quadratpfeilern, Refektorium. *Führungen im Sommer tgl. 15–18 Uhr*

Saint-Briac-sur-Mer [116 C5] Insider Tipp
Der geschützt gelegene, hübsche Badeort 21 km nördlich von Dinan (1700 Ew.) erfreut mit seiner fast mediterranen Vegetation und den schönen Stränden an der Côte d'Émeraude. Es gibt einen Fischer- und Yachthafen. Übernachten können Sie z. B. im Hotel *Bains, 12 Zi., 20, rue Poncel, Tel. 02 96 86 31 33, Fax 02 96 86 22 85, €€*, oder im *Hôtel de la Houle, 17 Zi., Tel. 02 99 88 32 17, www.perso.wanadoo.fr/hoteldelahoule, €*

Saint-Cast-le-Guildo [116 C5]
Der kleine Badeort mit Fischer- und Yachthafen 36 km nördlich von Dinan liegt im Schutz einer sichelförmigen Bucht mit kilometerlangem Sandstrand und einer Halbinsel. An der Felsenküste und im schönen Hinterland lässt es sich herrlich wandern. Von der weit ins Meer

vorgeschobenen Landspitze *Pointe de St-Cast* und der *Pointe de la Garde* können Sie wundervolle Ausblicke genießen. Hotels: *Les Arcades, 32 Zi., 15, rue du Duc d'Aiguillon, Tel. 02 96 41 80 50, Fax 02 96 41 77 34, hotelarcades@wanadoo.fr, €€; Hôtel des Mielles, 19 Zi., 3, rue du Duc d'Aiguillon, Tel. 02 96 41 77 34, €€*

PERROS-GUIREC

[115 F1] Der bedeutendste Ferien- und Badeort (8000 Ew.) an der Côte de Granit Rose war bereits zu Beginn des 20 Jhs. en vogue – vor allem dank der prächtigen Strände und der bizarren Granitküste. Während die *Plage de Trestraou* mit Kasino und Thalassotherapiezentrum mondän ist, gibt sich die *Plage Trestignel* familiärer. Sanft abfallend, sind die Strände auch ausgezeichnet für Kinder geeignet. Perros-Guirec liegt amphitheatrisch auf einer Halbinsel. Viele Hotels stehen zur Wahl, dazu Ferienhäuser und vier Campingplätze. Ziele in der Umgebung gibt es in Fülle. Der Archipel der *Sept Îles* liegt vor der Haustür. Er ist das größte Vogelreservat in Frankreich.

Insider Tipp

SEHENSWERTES

Église Saint-Jacques
Die Kirche mitten im Ort besitzt einen großen Glockenturm aus dem 14. Jh. Das Schiff ist romanisch. Neben einem Weihkessel aus Granit (12. Jh.), mit Figuren geschmückt, sind die Statuen beachtenswert: ein *Ecce Homo* (15. Jh.), ein *Saint Laurent* (16. Jh.) und eine *Sainte Catherine* (17. Jh.).

Notre-Dame-de-la-Clarté
Die hübsche Kapelle 3 km westlich der Ortsmitte ist, wie viele Bauten der Gegend, aus rotem Granit und wurde im 16. Jh. vom Seigneur de Barac'h gestiftet, der in Seenot ein Gelübde an die heilige Maria abgelegt hatte.

MUSEUM

Musée de Cire
Das Wachsfigurenkabinett ist der Revolution und dem Aufstand der Chouans sowie der Landschaft Trégor um 1900 gewidmet. *Mitte Juni–Aug. tgl. 9.30–18.30, Vor- und Nachsaison 14–18 Uhr, boulevard du Linkin, Port*

ESSEN & TRINKEN

La Crémaillère
In gemütlich-elegantem Rahmen speist man vorzüglich und preiswert. *13, place de l'Église, Tel. 02 96 23 22 08, Mo geschl., €*

Crêperie Hamon
Eine der fröhlichsten Crêperien in der Bretagne – und eine kulinarische Institution. Vorbestellung obligatorisch. *36, rue de la Salle, Tel. 02 96 23 28 82, Mo geschl., €–€€*

Le Ker Bleu
Großes, populäres Restaurant beim Kasino, mit Pizzeria, Crêperie, Bar und Terrasse. *17, boulevard J. Le-Bihan, Tel. 02 96 91 14 69, kein Ruhetag, €*

ÜBERNACHTEN

La Bonne Auberge
Freundliches kleines Familienhotel beim Strand von Trestraou. *7 Zi.,*

place de la Chapelle, Clarté, Tel. 02 96 91 46 05, Fax 02 96 91 62 88, gouriou.m.@wanadoo.fr, €

Insider Tipp **Les Feux des Îles**
Große Villa an der Corniche, umgeben von Grün. Das Restaurant ist für sich allein schon einen Besuch wert. *18 Zi., 53, boulevard Clemenceau, Tel. 02 96 23 22 94, Fax 02 96 91 07 30, www.feux-des-iles.com, €€*

Grand Hôtel de Trestraou
Haus am mondänsten Strand von Perros-Guirec, jeder Komfort. *57 Zi., boulevard J. Le-Bihan, Tel. 02 96 49 84 84, Fax 02 96 23 21 50, www.grand-hotel-trestraou.com, €€*

Les Violettes
Einfaches, nettes Familienhotel in einer alten Villa. Restaurant. *17 Zi., 19, rue du Calvaire, Tel. 02 96 23 21 33, Fax 02 96 23 10 08, €*

AM ABEND

Acht Diskotheken; *Casino de la Côte de Granit Rose, 29, avenue J. Le-Bihan, Einlass zu den Glücksspielen ab 21.30 Uhr, bis 3 Uhr*

AUSKUNFT

Office de Tourisme
21, place Hôtel de Ville, 22700 Perros-Guirec, Tel. 02 96 23 21 15, Fax 02 96 23 04 72, www.perros-guirec.com

ZIELE IN DER UMGEBUNG

Insider Tipp **Château de Coatfrec** **[115 F2]**
Zur Strafe für seine Raubzüge wurde die Burg des Guy Eder de la Fontenelle Ende des 16. Jhs. zerstört. Die imposanten Ruinen 18 km südlich von Perros-Guirec sind ein Leckerbissen für Romantiker.

Kerfons **[115 F2]**
Sehenswerte Kapelle (15./16. Jh.) 19 km südlich von Perros-Guirec mit Calvaire in reizvoller Lage. Reich geschnitzte, bunt bemalte Empore und Reste alter Glasfenster.

Château de Kergrist **[115 F2]**
Da man hier vom 15. bis ins 18. Jh. hinein viele Umbauten vorgenommen hat, präsentiert sich das Schloss 23 km südlich von Perros-Guirec in verschiedenen Stilen. Die gotische Nordfassade ist besonders schön. Im Innern werden Gardesaal, Bibliothek, Salon und Speisesaal gezeigt. Schöne Gartenanlage. *Juni–Sept. tgl. 11–18.30 Uhr*

Locquirec **[115 E2]**
Die *Plage des Sables Blancs* des Familienbadeorts, Fischerei- und Yachthafens 35 km östlich von Perros-Guirec ist einer der schönsten Strände der hier besonders eindrucksvollen bretonischen Küste. Und der beste Aussichtspunkt für einen weiten Rundblick ist die *Pointe de Locquirec*. Die reizende *Kirche* des Orts besitzt eine bemalte Decke und einen Altaraufsatz (16. Jh.) mit Passionsszenen.

Pleumeur-Bodou **[115 F1]**
Die riesige weiße Kugel und die Antennen in der Landschaft zwischen dem Meer und Lannion sind ein Telekommunikationszentrum. Die Radarkuppel misst 50 m in der Höhe und 64 m in der Breite. Darunter befindet sich die erste französische Satellitenfunkantenne, die 1962 mit der Übertragung von Fernseh-

bildern zwischen den USA und Frankreich begann. *12 km südöstlich von Perros-Guirec, Juli/Aug. tgl. 10–19, Vor- und Nachsaison 10–18 Uhr.* In der Nähe liegt Cosmopolis mit dem *Planetarium de Bretagne, Vorführungen April–Sept. Mo–Fr 11–18, Sa/So 14–18 Uhr.* Unweit davon steht der 8 m hohe *Menhir von St-Duzec.*

Ploumanac'h **[115 F1]**

★ An dieser Küste haben Wind, Wellen und Regen die Felsen der Côte de Granit Rose zu bizarren Skulpturen geformt. Im *Parc Municipal*, nördlich des kleinen Badeorts und Fischerhafens 4,5 km nördlich von Perros-Guirec, stehen die Naturkunstwerke dicht an dicht am Küstensaum: das »Schloss des Teufels«, der »Hase«, die »Schildkröte«, der »Pilz«. Besonders beeindruckend sind die Felsen der *Pointe de Squewel.* Sehr zu empfehlen auch die Wanderung entlang der Küste auf dem *Zöllnerpfad (Sentier des Douaniers)* zwischen Perros-Guirec und Ploumanac'h (3 Std.).

Château de Rosanbo **[115 E2]**

Das noch bewohnte Schloss 30 km südwestlich von Lannion stammt aus dem 14. Jh., wurde im 15. und 17. Jh. vergrößert und im 19. Jh. restauriert. Man sieht bei der Besichtigung schön möblierte Säle im Erdgeschoss. Große Bibliothek und prachtvoller, von Le Nôtre angelegter Garten, dessen kunstvoll geschnittene Baumreihen und Hecken grüne Salons bilden. *Juli/Aug. tgl. 11–18, Vor- und Nachsaison 14 bis 17 Uhr*

Les Sept Îles **[115 E–F1]**

★ Die Inseln des Archipels sind bis auf die *Île aux Moines* Naturschutzgebiet und für Besucher nicht zugänglich, da hier rund 10 000 Seevögelpaare nisten, unter anderem Trottellummen, Tordalken, Kormo-

Gischtumsprühte Felsküste bei Ploumanc'h

rane und Silbermöwen. Die Papageientaucherkolonie ist die größte Frankreichs; einzigartige Basstölpelkolonie. Von Perros-Guirec, Plage Trestraou, gehen Bootsfahrten rund um die Inseln ab *(im Sommer tgl. je nach Gezeiten)*. Auf der Île aux Moines sind ein Pulvermagazin und der *Leuchtturm* zu besichtigen *(Auskunft im Office de Tourisme in Perros-Guirec)*.

Insider Tipp

Château de Tonquédec **[115 F2]**

Beeindruckende Ruine in schöner Lage über der *Vallée du Léguer*, 25 km südlich von Perros-Guirec; Ende des 14. Jhs. wurde die Burg geschleift, zu Beginn des 15. Jhs. wieder aufgebaut und 1622 auf Befehl Richelieus zerstört. *Juli/Aug. tgl. 10–20, April–Juni und Sept. 15–19 Uhr*

Trébeurden **[115 E1]**

Der große Badeort 18 km östlich von Perros-Guirec (3300 Ew.) ist stolz auf seine sieben Strände. Am lebhaftesten geht es an der großen *Plage de Tresmeur* zu. Zwei Halbinseln, *Le Castel* und *Pointe de Bihit* mit der vorgelagerten *Île Milliau*, bieten prächtige Aussichtspunkte. Auf Castel kann man einem *Circuit des Mégalithes* zu Dolmen, Menhiren und Ganggräbern folgen.

Hotels: *Ti Al Lannec, 29 Zi., 14, allée de Mezo-Guen, Tel. 02 96 15 01 01, Fax 02 96 23 62 14, www.tiallanec.com, €€€; Du Toëno, 17 Zi., 56, route de Trégastel, Tel. 02 96 23 68 78, Fax 02 96 15 42 54, www.hoteltoeno.com, €*

Auskunft: *Office de Tourisme, place Crech Héry, Tel. 02 96 23 51 64, Fax 02 96 15 44 87, tourisme-trebeurden@wanadoo.fr*

Trégastel-Plage **[115 E1]**

Viel besuchter Badeort an der Côte de Granit Rose. Besonders eindrucksvoll sind die Felsen auf der

Oase der Ruhe an der sturmerprobten Küste: Trégastel-Plage

Insider Tipp *Île Renote,* mit Trégastel-Plage durch eine Landenge verbunden; auch am Sandstrand *Plage de Coz-Porz* ragen bizarre Felsen auf. Das alte Fischerdorf *Ste-Anne-de-Trégastel* liegt an der Ostseite. Zentrum der Gemeinde ist *Trégastel-Bourg,* mit schöner Kirche und kleinem Calvaire. *5 km westlich*

Tréguier **[115 F1]**
Die alte Bischofsstadt 22 km östlich von Perros-Guirec (3400 Ew.) ist heute ein stilles Idyll: Mittelalterliche *Fachwerkhäuser* und die imposante *Kathedrale St-Tugdual* samt alten Klostergebäuden sind Zeugen einer großen Vergangenheit. Bei der Besichtigung der Kathedrale sind besonders die berühmte Figurengruppe »Saint-Yves zwischen den Armen« und die 45 Chorstühle aus Eiche von 1648 interessant. Das Kloster an der Nordseite stammt aus dem 15. Jh. Der Hafen von Tréguier spielt für Handel und Sportschifffahrt eine wichtige Rolle. Nordwestlich liegt der hübsche kleine Badeort und Fischerhafen *Port-Blanc,* der auch für seine guten Austern bekannt ist.

SAINT-BRIEUC

[116 B5] Die sympathische Hauptstadt der Côtes d'Armor (45 000 Ew.) ist kein Badeort – sie liegt 3 km landeinwärts – aber eine angenehme Etappe auf der Fahrt entlang der Küste. Es fehlt dennoch nicht an Bade- und Wassersportmöglichkeiten: In *Plérin-Les Rosaires* gibt es sowohl schöne Strände als auch Segelzentren. Der Altstadtkern ist gut erhalten, ansonsten war man bestrebt, das Alte nach und

Kreuzgang der Kathedrale St-Tugdual in Tréguier

nach durch Neubauten zu ersetzen. Ihren wirtschaftlichen Aufschwung während der letzten Jahrzehnte verdankt die Stadt einer dynamischen Verarbeitungsindustrie landwirtschaftlicher Produkte und einem bedeutenden Handels- und Fischereihafen.

SEHENSWERTES

Altstadt
Nördlich der Kathedrale stehen an der *Place du Martray,* in der *Rue Fardel,* der *Rue Quinquaine* und der *Rue de Gouët* schöne alte *Fachwerkhäuser.* Beachtenswert an der *Rue Fardel/Place au Lin* die *Maison de Ribeault* (15. Jh.) und, nahebei, das *Hôtel des Ducs de Bretagne.*

Land der Heiligen

Sie helfen bei Beschwerden aller Art

Die Bretagne wurde seit dem 5. Jh. meist von Kelten, die von der Britischen Insel kamen, missioniert. Viele heidnische Bräuche und Legenden lebten in dem Land am Meer weiter, doch wohl nirgends sonst gibt es so viele Heilige. 7777 sollen auf dem Friedhof von Lanrivoare begraben sein. St-Mamert hilft bei Koliken, St-Tugen gegen tollwütige Hunde, St-Livertin heilt Kopfschmerzen. Eine historische Persönlichkeit ist allerdings der Schutzheilige der Bretagne, der heilige Yves, der 1253 als Sohn eines Edelmannes in der Nähe von Tréguier geboren wurde. Wegen seiner salomonischen Gerechtigkeit ist er auch der Patron der Juristen. Als Yves für den Bau der Kathedrale von Tréguier Bäume fällen ließ, wuchsen für jeden abgeholzten Stamm gleich drei neue Bäume nach. Yves ist noch heute ein häufiger bretonischer Name, und so gut wie jede Kirche besitzt eine Statue des Heiligen.

Cathédrale Saint-Étienne
Die Kathedrale stammt aus dem 13./14. Jh. Der mächtige Bau mit den zwei Türmen und dem schlichten Mittelportal überrascht durch seinen wehrhaften Charakter. Das Innere der Kirche wurde im 18. Jh. rekonstruiert. Schön ist auf der rechten Seite der Altaraufsatz in der Kapelle St-Sacrement. Im rechten Querschiff befindet sich ein schönes Glasfenster. In der kleinen Kapelle liegt das Grabmal des hl. Guillaume, der im 12. Jh. Bischof von St-Brieuc war.

MUSEUM

Musée d'Histoire
Die vorzüglichen Sammlungen beleuchten die Geschichte und Wirtschaft der Côtes d'Armor vom 19. Jh. bis heute. Im Sommer Ausstellungen zu kulturgeschichtlichen Themen. *Tgl. außer Mo und So vormittags 9.30–11.45 und 13.30 bis 17.45 Uhr, rue des Lycéens-Martyrs*

ESSEN & TRINKEN

Aux Pesked
Der Charme des Hauses liegt im ländlichen Ambiente. Leichte, phantasievoll zubereitete Fleisch- und Fischgerichte. *59, rue Légué, Tel. 02 96 33 34 65, Sa mittags, So abends und Mo geschl., €€*

Le Quatre Saisons
In einem schönen alten Steinhaus 3 km östlich von St-Brieuc. Bei gutem Wetter wird auf der Terrasse serviert, zum Beispiel Salat mit Langustenschwänzen. *61, chemin des Courses, Tel. 02 96 33 20 38, So abends und Mo geschl., €–€€*

La Vieille Tour
Schön am Hafen von Plérin-sous-la-Tour 3 km nordöstlich von St-

Brieuc gelegen. Inspirierte, feine Küche zu Preisen, die mehr als angemessen sind. *75, rue de la Tour, Tel. 02 96 33 10 30, Sa mittags, So abends und Mo geschl.,* **€€**

ÜBERNACHTEN

Le Chêne Vert
Außerhalb der Stadt in Plérin, *3 km östlich Richtung St-Laurent de la Mer, 70 Zi., Tel. 02 96 79 80 20, Fax 02 96 79 80 21, hotelchenevert@libertysurf.fr,* **€–€€**

De Clisson
Drei-Sterne-Hotel mit üppigem, phantasievollem Innendekor. Einige Zimmer mit Whirlpool und Videogerät. *24 Zi., 36–38, rue du Gouët, Tel. 02 96 62 19 29, Fax 02 96 61 06 95,* **€€**

Ker-Izel
Gepflegtes Haus, *22 Zi., 20, rue du Gouët, Tel. 02 96 33 46 29, Fax 02 96 61 86 12,* **€–€€**

AUSKUNFT

Office de Tourisme
7, rue St-Gouéno, 22000 St-Brieuc, Tel. 02 96 33 32 50, Fax 02 96 61 42 16, www.bretagne-4villes.com

ZIELE IN DER UMGEBUNG

Abbaye de Beauport **[116 A4]**
Erhalten geblieben ist von der im 13. Jh. gegründeten Prämonstratenserabtei 40 km nordwestlich von St-Brieuc der schöne gotische Kapitelsaal; der Kreuzgang dagegen liegt in Ruinen, das Kirchenschiff ist ohne Dach. Romantisch ist die Verbindung von Ruinen und üppigem Grün. *Tgl. Sommer 10–19, sonst 10–12 und 14–17 Uhr*

Île de Bréhat **[116 A3–4]**
★ Wegen des milden Klimas, das Palmen und Mimosen gedeihen lässt, ist die 3,5 km lange und 1,5 km breite Insel im Sommer ein Badeparadies – und auch sonst eine

Die Bretagne kann auch sanft sein, beispielsweise auf der Île de Bréhat

Entdeckung wert. In *Port-Clos* landen die Schiffe von Pointe de l'Arcouest, Hauptort ist *Le Bourg.* Für den Besuch sollten Sie einen halben Tag rechnen. Im Norden bietet sich vom Leuchtturm *Phare du Paon* eine wunderschöne Aussicht.

Erquy **[116 C5]**
Reizender kleiner Badeort (3400 Ew.) und Fischerhafen 30 km nordöstlich von St-Brieuc. In einer sichelförmigen Bucht liegt der Hauptstrand mit der Reihe der Villen und Hotels. Erquy ist der bedeutendste französische Hafen für den Fang von Jakobsmuscheln. Vom *Cap d'Erquy* haben Sie einen herrlichen Blick auf die Bucht von St-Brieuc. Restaurant: *Nelumbo, 5, rue de l'Église, Tel. 02 96 72 31 31, Nebensaison geschl., €;* Hotel: *Hôtel de la Plage, 20 Zi., 21, boulevard de la Mer, Tel. 02 96 72 30 09, Fax 02 96 72 16 62, €€*

Guingamp **[116 A5]**
Das Städtchen (9500 Ew.) 30 km nordwestlich von St-Brieuc hat eine lange feudale Vergangenheit. Davon zeugt das *Hôtel de Ville* von 1699, das im ehemaligen Klosterspital untergebracht ist. Die gotische Basilika *Notre-Dame-de-Secours* stammt aus dem 14. Jh. und wurde im 16. Jh. umgebaut. Gotik und Renaissancestil stehen abrupt nebeneinander. In der vorderen linken Kapelle befindet sich die Statue der viel verehrten *Schwarzen Madonna,* die im Juli bei einer nächtlichen Fackelprozession durch die Straßen getragen wird.

Lamballe **[116 B5–6]**
Das nahe der Küste gelegene, typisch bretonische Städtchen 19 km südöstlich von St-Brieuc (5000 Ew.) war vom 12. bis ins 15. Jh. Hauptstadt der Grafschaft Penthièvre. Im prächtigsten Fachwerkhaus, der *Maison du Boureau* an der Place du Martray, sind zwei Museen untergebracht. Das *Musée Mathurin-Méheut* hütet die Werke des 1882 geborenen Malers, der mit mehr als 4000 Zeichnungen, Gemälden und Aquarellen vom Alltag der Fischer, Handwerker und Bauern ein faszinierendes Panorama des damaligen Lebens festhielt. Im *Musée du Pays de Lamballe* sind Sammlungen von Waffen und prähistorischen Werkzeugen, Hauben, Kostüme u. a. zu sehen *(Beide Sommer Mo–Sa 10 bis 12 und 14.30–18 Uhr).*

Die Kirche *Notre-Dame de Grande Puissance* war ursprünglich Schlosskapelle und wurde 1453 Stiftskirche. Romanisch sind Portalvorbau, Chor und Lettner. Neben der Kirche zieht sich eine reizvolle Promenade hin. Von der Terrasse auf der anderen Seite bietet sich ein schöner Blick. Pferdefreunde werden dem *Haras National,* (Insider Tipp) dem Nationalgestüt nördlich der Place du Marché, einen Besuch abstatten. Das 1825 gegründete Gestüt ist eines der bedeutendsten Frankreichs *(Sommer tgl. 10.30 bis 12.30 und 14–18 Uhr).*

Moncontour **[116 B6]**
Das 25 km südlich von St-Brieuc im Hinterland gelegene Städtchen (1100 Ew.) lädt zum Bummel ein, durch stille Gassen und über Treppen, die zu den Toren der teilweise erhaltenen Stadtmauer führen. Im bretonischen Erbfolgekrieg war die befestigte Stadt schwer umkämpft. In der *Rue du Temple* und der *Rue des Dames* stehen noch schöne

Häuser aus der Zeit, als Moncontour durch die Leinenherstellung zu Reichtum kam. Die *Kirche St-Mathurin* besitzt prachtvolle Buntglasfenster aus dem 16. Jh.

Paimpol **[116 A4]**
Der Name der Hafenstadt 46 km nordwestlich von St-Brieuc (8500 Ew.) ist durch zwei Werke zu nationalem Ruhm gelangt: den Roman »Islandfischer« von Pierre Loti und das Lied »La Paimpolaise« von Théodore Botrel (1868–1925). Sie handeln von der großen Zeit, als die Fischer von Paimpol zur monatelangen Islandfahrt ausfuhren, um Dorsch zu fangen. Im *Musée de la Mer* können Sie diese Epoche nachvollziehen *(rue Labenne, Sommer tgl. außer So vormittags und Sa 10.30 bis 12.30 und 15.30–19 Uhr).*

Pléneuf-Val-André **[116 B5]**
Der 2 km lange Sandstrand des beliebten Badeorts 17 km nordöstlich von St-Brieuc (3800 Ew.) ist einer der schönsten der Côtes d'Armor. Richtung St-Brieuc liegt der kleine, in die tief eingeschnittene Bucht gebettete Yachthafen von Dahouët. Restaurant: *Au Biniou, 121, rue Clemenceau, Tel. 02 96 72 24 35, außer Juli/Aug. Di abends und Mi geschl.,* €. Hotel: *Grand Hôtel du Val-André, 39 Zi., 80, rue Amiral Charner, Tel. 02 96 72 20 56, Fax 02 96 63 00 24, www.grand-hotel-val-andre.fr,* €€

Saint-Quay-Portrieux **[116 A4]**
Schöne Strände machten das Städtchen 15 km nordwestlich von St-Brieuc (3400 Ew.) zum viel besuchten Badeort, mit Kasino und vielen Neubauten, auch in Beton, was dem Charme von früher leider abträglich ist. Möglich ist jede Art von Wassersport, im Sommer fahren Schiffe zu den Kanalinseln und zur Île de Bréhat. Übernachten können Sie z. B. im Hotel *Ker Moor, 29 Zi. (mit Meerblick), 13, rue du Président Le Sénécal, Tel. 02 96 70 52 22, Fax 02 96 70 50 49,* €€€

Die Hafenstadt Paimpol bietet auch Freizeitkapitänen Liegeplätze

Dialog zwischen Himmel und Meer

Schon die Maler der Schule von Pont-Aven liebten diese Buchten und die alten Dörfer, in denen Calvaires biblische Geschichten in Stein erzählen

Finistère, Ende der Welt, heißt der westliche Teil der Bretagne, zugleich eines der vier Departments und sicherlich der Höhepunkt jeder Reise in die Bretagne. Hier steigert sich das Drama der vom Meer unablässig berannten Felsenküste ins Gigantische. Weit draußen auf den wellenumschäumten Riffen stehen die Leuchttürme wie einsame Schildwachen oder vorzeitliche Recken auf vorgeschobenen Bastionen. Man kann im Finistère den Fußspuren der Maler, voran Paul Gauguin, folgen, die vor 100 Jahren die Fischernester, die *enclos paroissiaux*, die umfriedeten Pfarrbezirke, und die Prozessionen als Sujets entdeckten. Natürlich ist die wilde Felsenküste landschaftlich nicht zu übertreffen; trotzdem sollten Sie nicht versäumen, auch das Hinterland zu erforschen. Denn hier stehen die berühmtesten Kirchhöfe der Bretagne, angeführt von Guimiliau, Plougastel-Daoulas und St-Thégonnec. Und Sie werden den ursprünglichen Charme der kleinen Dörfer, Städtchen und Flusstäler entdecken.

Triumphpforte des Kirchhofs von Pleyben

Zweisprachiges Ortsschild

BREST

[123 D–E 5–6] Von Kardinal Richelieu und Jean-Baptiste Colbert wurde die Stadt (210 000 Ew.) im 17. Jh. zum größten Kriegshafen Frankreichs ausgebaut. Im Zweiten Weltkrieg diente sie den Deutschen als wichtigster Marine- und U-Boot-Stützpunkt. 1944 wurde Brest von den Alliierten belagert und fast vollständig zerstört. Daher der nüchtern-moderne Eindruck, den die Hafenstadt heute mit ihren grauen, schachbrettartig angelegten Straßen macht, denn Brest musste so schnell und so billig wie möglich wieder aufgebaut werden. So trostlos das Stadtbild, so unverändert großartig ist die Lage, mit der weiten Reede, die als eine der schönsten der Welt gilt. Als Kriegshafen ist Brest auch heute bedeutend, während der Handelshafen nur eine untergeordnete Rolle spielt. Vielfältig sind jedoch die Anstrengungen, die neben Rennes wichtigste Universitätsstadt der Bretagne attraktiver zu machen.

SEHENSWERTES

Château

Vom alten Brest ist nur noch das Schloss (12.–17. Jh.) erhalten. Es beherrschte mit starken Mauern und Türmen früher die Mündung des Flusses Penfeld. Neben der Marinebehörde ist hier das *Musée de la Marine, April–Sept. Mi–Mo 10 bis 18.30, sonst 10–12 und 14–18 Uhr,* untergebracht.

Kriegshafen

Mit kleinen Barkassen können bei einer Rundfahrt der Kriegshafen und die große Reede von Brest besichtigt werden. Man passiert dabei von weitem die vor Anker liegenden Kriegsschiffe. Das Arsenal mit Werft- und Reparaturanlagen wurde 1631 von Armand Jean du Plessis, Herzog von Richelieu, gegründet. *Vedettes Armoricaines, Abfahrt 1. Hafenbecken (beim Schloss), Port de Commerce, April–Okt. tgl. fünf Abfahrten*

Océanopolis

★ Im modernen Meereszentrum mit den größten Aquarien Europas wird den Besuchern die maritime Welt auf faszinierende Weise nahe gebracht. Filme und Vorträge ergänzen das Gesehene. *Port de Plaisance du Moulin Blanc, tgl. 9–18, Nebensaison tgl. außer Mo 10–17 Uhr, www.oceanopolis.com*

Rade de Brest

Insider Tipp

Eine Kreuzfahrt auf der 150 km² großen Reede *(rade)* von Brest zeigt die Hafenstadt von ihrer Schokoladenseite. *Société Maritime Azénor, Abfahrt Port de Plaisance du Moulin Blanc beim Océanopolis, Dauer etwa 90 Minuten*

MUSEEN

Musée des Beaux-Arts

Ausgezeichnete, umfangreiche Gemäldesammlung mit Werken alter Meister von Canaletto I. und Luca Giordano bis zur Malerei des 19. und 20. Jhs., darunter zahlreiche Bilder der Schule von Pont-Aven und des Symbolismus. *22, rue Traverse, Mi–Sa 10–11.45 und 14–18, So 14–18 Uhr*

Musée de la Marine

Insider Tipp

1985 neu eingerichtet, gilt es als eines der schönsten Seefahrtsmuseen Frankreichs. In den Türmen des Schlosses sieht man historisch interessante Schiffsmodelle, Navigationsinstrumente und viele andere Zeugnisse der eng mit dem Meer verbundenen Geschichte der Stadt. *Place du Château, April–Sept. Mi bis Mo 10–18.30, sonst 10–12 und 14–18 Uhr*

Musée de la Tour Tanguy

In den Dioramen des Brester Malers Jim E. Sévellec ersteht vor den Augen des Besuchers das alte Brest mit seinen engen Straßenvierteln, Hafenanlagen und Segelschiffen. Zeichnungen, Fotos und Dokumente runden das Bild bis in die Gegenwart ab. *Tour Tanguy (gegenüber dem Château), Sommer tgl. 10–12 und 14–19 Uhr, sonst Mi, Do, Sa, So nur nachmittags*

ESSEN & TRINKEN

Le Bœuf sur le Grill
Zünftiges, adrettes Bistro. Gutes Essen zu günstigen Preisen. *Hôtel de France, rue Amiral Réveillère, Tel. 02 98 46 18 88, kein Ruhetag, €*

Crêperie Moderne
In der ältesten Crêperie von Brest gibt es viele Variationen des bretonischen »Nationalgerichts«. *34, rue Algésiras, Tel. 02 98 44 44 36, So mittags geschl., €–€€*

Le Vatel
Feinschmeckerlokal für besondere Gaumenerlebnisse, voran raffiniert zubereitete Meeresfrüchte. *23, rue Fautras, Tel. 02 98 44 51 02, So/ Mo geschl., €€*

EINKAUFEN

Ar Bed Keltiek
Dies ist die richtige Adresse für Freunde der keltischen Musik und Literatur. *Centre culturel et de Congrès, 4, avenue Georges Clemenceau*

ÜBERNACHTEN

Astoria
Ruhig gelegenes, angenehmes Haus in Schlossnähe. *26 Zi., 9, rue Traverse, Tel. 02 98 80 19 10, Fax 02 98 80 52 41, www.hotel-astoria-brest.com, €*

La Corniche
Das stilvoll bretonisch eingerichtete, moderne Hotel liegt westlich des Arsenals. *16 Zi., 1, rue Amiral Nicol, Tel. 02 98 45 12 42, Fax 02 98 45 01 53, www.lacorniche.brest.com, €€*

Le Vauban
Zentral und komfortabel, mit Restaurant/Brasserie. *53 Zi., 17, avenue Georges Clemenceau, Tel. 02 98 46 06 88, Fax 02 98 44 87 54, €–€€*

MARCO POLO Highlights »Finistère«

★ **Océanopolis**
Wunder des Meeres im größten Aquarium Europas (Seite 54)

★ **Huelgoat**
Bizarres Felsentheater im Märchenwald (Seite 62)

★ **Île de Sein**
Ein Leckerbissen für Inselliebhaber ist das wellenumtoste Eiland vor der Pointe du Raz (Seite69)

★ **Île d'Ouessant**
Aufregender Bootsausflug zur westlichsten bretonischen Insel (Seite 58)

★ **Monts d'Arrée**
Ein Stück Bretagne von wilder, urwüchsiger Schönheit (Seite 62)

★ **Plougastel-Daoulas**
Schon Flaubert bewunderte den phantastisch-naiven Calvaire (Seite 59)

AM ABEND

Gemütlich ist das Bierlokal *Les Fauvettes, 27, rue Conseil.* Im *Le Triskell, 31, rue Massillon,* gehts echt bretonisch zu.

Insider Tipp

AUSKUNFT

Office de Tourisme

Place de la Liberté, 29200 Brest, Tel. 02 98 44 24 96, Fax 02 98 44 53 73, Office.de.Tourisme.Brest @wanadoo.fr

ZIELE IN DER UMGEBUNG

L'Aber-Wrac'h **[123 D2]**

Wo das Meer mit dem Aber Wrac'h tief ins Land einschneidet, liegen 22 km nordwestlich von Brest das gleichnamige Fischerdorf und der Ort *Landéda* mit einem großen Segelzentrum und Yachthafen. Auch als Badeort besucht. Ruhig wohnen Sie im Hotel *Baie des Anges, 20 Zi., Tel. 02 98 04 90 04, Fax 02 98 04 92 27, www.baie-des-anges.com,* **€–€€**

Brignogan-Plage **[114 C1]**

An einer wilden Felsenküste 32 km nordöstlich von Brest, die unterbrochen wird durch kleine Sandbuchten, liegt dieser Badeort (800 Ew.) mit einer Segelschule, einem kleinen Freizeit- und Ferienzentrum und Tennisplätzen. Dem 8 m hohen *Menhir von Men Marz* wurde später ein Kreuz aufgesetzt. Hotels: *Castel Régis, 22 Zi., Promenade du Garo, Tel. 02 98 83 40 22, Fax 02 98 83 44 71, www.castel.regis.com,* **€–€€**; *Ar-Reder-Mor, 26 Zi., avenue Général de Gaulle, Tel. 02 98 83 40 09, Fax 02 98 83 56 11,* **€**

Le Conquet **[122 A6]**

Kleiner Fischer- und Badeort 24 km westlich von Brest (2000 Ew.) bei der *Pointe de Kermorvan* mit dem schönen Strand *Blancs-Sablons.* Südlich ragt die *Pointe St-Mathieu* ins Meer, neben deren Leuchtturm von 1835 (37 m hoch, 32 km Reichweite) die Ruinen einer großen Abteikirche eines im 6. Jh. gegründeten Benediktinerklosters liegen. Das Dorf St-Mathieu war im 14. Jh. eine bedeutende Stadt. Das *Restaurant de la Pointe Sainte-Barbe,* beim Hafen gelegen, bietet Spezialitäten von Fischen und Meeresfrüchten. *Tel. 02 98 89 00 26, Mitte Sept.–Juni Mo geschl.,* **€**. Im *Restaurant de la Pointe St-Mathieu,* einem Haus aus dem 14. Jh. beim Leuchtturm, serviert man gutbürgerliche Küche. *Plougonvelin, Tel. 02 98 89 00 19, Sept.–Juni So abends geschl.,* **€**

Crozon **[114 B3]**

In dem Hauptort (7900 Ew.) der gleichnamigen Halbinsel 60 km südlich von Brest stehen vor der modernen Kirche mehrere schöne Häuser aus dem 17. Jh. In der Kirche befindet sich ein großer Altaraufsatz (1602), der mit 400 bemalten Holzfiguren das Martyrium der zum christlichen Glauben konvertierten Legion von Theben zur Zeit Kaiser Hadrians (2. Jh.) darstellt.

Zusammen mit dem Fischer- und Yachthafen *Morgat* bildet Crozon einen gern besuchten Badeort; herrlicher Sandstrand zwischen steilen Felsen, pittoreske Meeresgrotten (Besichtigung per Boot) und prächtige Spazierwege an der Küste bis zum *Cap de la Chèvre* und zur *Pointe de Dinan.* In dem kleinen Ort *St-Hernot* auf dem Weg zum

Insid Tipp

Die Aussicht von der Pointe de Penhir lockt viele Menschen an

Cap de la Chèvre liegt das Museum *Maison des Mineraux, tgl. 10.30 bis 19 Uhr,* mit einer großen mineralogischen Sammlung und einem Garten mit der einheimischen Flora.

8 km westlich von Crozon liegt das malerische Fischerstädtchen *Camaret-sur-Mer* (3000 Ew.), das durch den Langustenfang zu Wohlstand gelangte. Großartig ist das Panorama bei der *Pointe de Penhir,* dem schönsten Kap der Halbinsel. Die *Alignements des Lagatyar* am westlichen Stadtrand von Camaret bestehen aus 143 Menhiren. Nördlich endet die Halbinsel in der *Pointe des Espagnols.* Von dort haben Sie eine prächtige Aussicht auf Brest und die Reede.

Daoulas **[114 C3]**

Sehenswert ist in dem stillen Ort 20 km südöstlich von Brest (400 Ew.) die alte, einst bedeutende Abtei mit einem Kreuzgang aus dem 12. Jh. Im Sommer werden hier archäologische Ausstellungen arrangiert. Nördlich von Daoulas kommt man nach *Dirinon.* Die Kirche prunkt mit einem reich verzierten Renaissanceturm, in der Kapelle (16. Jh.) auf dem Friedhof ist die Ortsheilige, Ste-Nonne, begraben.

Le Faou **[114 C3]**

In dem Marktflecken 32 km südöstlich von Brest (1500 Ew.) sieht man in der Hauptstraße mittelalterliche Granithäuser mit Schieferfassaden. Die Kirche (16. Jh.) am Ufer des Flusses Faou besitzt eine reich geschmückte Vorhalle.

Le Folgoët **[123 F3]**

Auf ein Wunder geht der Bau der prächtigen *Wallfahrtskirche* 23 km nordöstlich von Brest zurück: Einst lebte hier im Wald ein Narr (daher Folgoët, Wald des Narren), der nur die Worte Ave Maria sprechen konnte. Nach seinem Tod spross aus dem Grab eine weiße Lilie, deren Blütengriffel die Buchstaben Ave Maria bildeten. Dies bewog einen Herzog aus dem Haus Montfort, hier nach seinem Sieg im Erbfolgekrieg 1422 die Kirche zu bauen. Der Nordturm gilt als einer der schönsten der Bretagne, prächtig sind auch die Vorhalle der Chapelle de la Croix, die großen gotischen Fensterrosen und der reich skulptierte Lettner.

Landerneau [114 C2]

Die lebhafte Marktstadt an der Mündung des Élorn 20 km östlich von Brest (15 000 Ew.) war einst Hauptstadt von Léon und kam als Umschlagplatz für Leinen und Leder zu Wohlstand. Davon zeugen noch der *Pont de Rohan* (16. Jh.) mit malerischen Renaissancebauten und die alten Häuser an beiden Ufern, wie die *Maison de la Duchesse Anne* (1664) an der Place du Général-de-Gaulle.

Landévennec [114 C3]

In dem auf einer Halbinsel gelegenen Dorf 45 km südlich von Brest sind die eindrucksvollen Ruinen einer 485 vom heiligen Gwennolé gegründeten Abtei, einst Zentrum der Gelehrsamkeit, sehenswert. Im 10. Jh. von Normannen zerstört, wurde das Kloster wieder aufgebaut und schließlich nach der Revolution von 1789 aufgelöst. Eine neue Abteikirche wurde in den 1950er-Jahren von Benediktinern gebaut, die hier seitdem leben. Über die ehemalige Klosteranlage informiert das *Musée de l'ancienne Abbaye de Landévennec, Sommer tgl. 10–19, sonst Fr–So 14–18 Uhr*

Insider Tipp **La Martyre** [114 C2]

Der älteste Kirchhof der Landschaft Léon, 10 km östlich von Landerneau, lohnt unbedingt eine Besichtigung. Man betritt ihn durch eine reich skulptierte Triumphpforte. Das Renaissancebeinhaus ist mit Szenen geschmückt, die an den Tod gemahnen. Im reich ausgestatteten Inneren der dreischiffigen Kirche sind besonders die Chorfenster und die Altartafeln beachtenswert.

Ménez-Hom [114 C3]

Ein Aussichtsplatz wie kein anderer ist der mit 330 m zweithöchste Berg der Bretagne im Osten der Halbinsel Crozon. Von hier geht der Blick bei guter Sicht bis zur Pointe St-Mathieu, zum Arréegebirge im Nordosten und zur 40 km entfernten Pointe du Van im Südwesten. Eine Orientierungstafel befindet sich auf dem Gipfel. *Anfahrt auf der D 83, die von der Straße Crozon–Châteaulin abzweigt*

Île d'Ouessant [114 A2]

★ Eine Bootsfahrt zu der wellenumtosten Insel (1000 Ew.) vor der Küste bei Brest ist ein großes Erlebnis. An schroffen Felsen und Riffen schäumt die Brandung und spritzt die Gischt, wenn das Schiff die Pointe St-Mathieu passiert. Im Hafen von *Stiff* unterhalb einer 65 m hohen Klippe wird angelegt. Hier kann man ein Fahrrad leihen und die 7 km lange und 4 km breite Insel erkunden. Hauptort ist *Lampaul,* mit einem malerischen kleinen Hafen und alten Häusern. Interessant ist der Besuch des *Centre d'Interprétation des Phares et Balises, Hauptsaison tgl. 10.30–18.30 Uhr,* Insider Tipp in dem die Geschichte der Leuchtfeuer und -türme seit der Antike dokumentiert ist. Es befindet sich am Fuß des Leuchtturms *Phare de Créac'h,* der mit einer Reichweite von über 60 km einer der stärksten der Welt ist. Es gibt auf Ouessant insgesamt fünf Leuchttürme.

Im *Écomusée de l'Île d'Ouessant* im Weiler *Niou Uhella* wird

Blick vom Ménez-Hom nach Nordosten auf das Flüsschen Aulne

sehr schön gezeigt, wie die Menschen früher auf der Insel lebten und wohnten *(tgl. 10.30–18.30 Uhr)*. Die Überfahrt von Brest-Port de Commerce dauert zwei bzw. drei Stunden.

Phare de l'Île Vierge **[123 D1]**
Höchster Leuchtturm Europas (82,5 m, Reichweite 54 km) auf der gleichnamigen kleinen Insel 35 km nördlich von Brest. *Juli/Aug. tgl. 11–12 und 15–18 Uhr Besichtigung, Fähre von Lilia*

Insider Tipp
Ploudiry **[114 C2]**
Interessanter umfriedeter *Kirchhof* mit Beinhaus von 1635, an der Fassade sieht man bewegende Darstellungen des Todes; *Kirche* (19. Jh.) mit schöner Vorhalle von 1665. *32 km östlich von Brest*

Plougastel-Daoulas **[123 E6]**
★ Berühmt ist die Stadt (10 000 Ew.) 10 km südöstlich von Brest wegen der hier angebauten Erdbeeren und wegen des prächtigen *Kalvarienbergs.* Mit 180 Figuren ist er einer der größten der Bretagne. Der Calvaire wurde 1602 zum Dank für die überstandene Pestepidemie des Jahres 1598 erbaut.

La Roche-Maurice **[114 C2]**
Das Dorf nahe Landerneau besitzt einen schönen umfriedeten Kirchhof *(enclos paroissial)*. Die Kirche wurde im 16. Jh. erbaut, das Beinhaus kam 1640 hinzu. Es gehört zu den bedeutendsten in der Bretagne.

MORLAIX

[115 D2] Lange Zeit war Morlaix (16 000 Ew.) die bedeutendste Stadt der Basse-Bretagne. Im Schutz der tief eingeschnittenen Meeresbucht konnte sie sich mit ihrem Hafen zu einem großen Handelszentrum entwickeln. Von einstigem Reichtum zeugen noch die alten Stadtviertel mit den Fachwerkhäusern (15.–17. Jh.). Das Stadtbild wird von dem monumentalen Eisenbahnviadukt geprägt, der in 58 m Höhe die Straßen überspannt.

SEHENSWERTES

Église Saint-Mathieu
In der 1824 wieder aufgebauten Kirche befindet sich eine seltene Marienstatue aus Holz (links neben dem Hochaltar).

Maison de la Duchesse Anne
Die Fassade des dreigeschossigen Hauses in der Grand' Rue ist mit Statuen von Heiligen und Ornamenten geschmückt. Hier übernachtete 1505 die Königin *(Führung Sommer tgl. 10.30–18 Uhr).*

MUSEUM

Musée d'Histoire et d'Architecture
In der ehemaligen Église des Jacobins (13.–15. Jh.) ist das Heimatmuseum mit Erinnerungen an berühmte Männer von Morlaix und kulturgeschichtlichen Sammlungen untergebracht. *Grand' Rue, Sommer tgl. 10–12.30 und 14–18.30, sonst 14–17 Uhr*

ESSEN & TRINKEN

Crêperie des Archers
Nettes Lokal mit variationsreiche rKarte. *Place Allende, Tel. 02 98 88 32 44, kein Ruhetag,* €

La Marée Bleue
Spezialitäten sind fangfrische Fischgerichte und vielerlei Meeresfrüchte. *3, rampe Ste-Mélaine (unterhalb des Viadukts), Tel. 02 98 63 24 21, So abends und Mo geschl.,* €–€€

ÜBERNACHTEN

Europe
Komfortables Haus im Zentrum mit gutem Restaurant und Brasserie. *60 Zi., 1, rue d'Aiguillon, Tel. 02 98 62 11 99, Fax 02 98 88 83 38, www.hotel-europe-com.fr,* €€

Verkehrspolizisten des Meeres

Wenn Schiffe der Küste zu nahe kommen

Seit der Tankerkatastrophe der »Amoco Cadiz« 1978 müssen die Öltanker bei der Passage in der verkehrsreichsten Wasserstraße der Welt vor der Insel Ouessant einen Sicherheitsabstand von 40 km einhalten. Überwacht wird diese Regelung von der bretonischen Organisation Cross Corsen, die sich dabei eines extrem starken Radars in einem 79 m hohen Turm auf der Insel Ouessant vor Brest bedient und im Falle von »Verkehrsübertretungen« von der französischen Marine unterstützt wird. Trotzdem kam es im Dezember 1999 erneut zu einem Tankerunfall, als die »Erika« vor der Küste in zwei Teile zerbrach und Tausende Tonnen Rohöl Teile der bretonischen Südküste verschmutzten.

Fontaine
Ruhig abseits des Zentrums gelegen, jeder Komfort, Terrasse, Garten. *38 Zi., La Boissiere, route de Lannion, Tel. 02 98 62 09 55, Fax 02 98 63 82 51, €–€€*

Les Halles
Gemütliches Haus mit Restaurant, Bar und Terrasse. *14 Zi., 23, rue du Mur, Tel. 02 98 88 03 86, Fax 02 98 63 47 96, €*

AUSKUNFT

Office de Tourisme
Place des Otages, 29600 Morlaix, Tel. 02 98 62 14 94, Fax 02 98 63 84 87

ZIELE IN DER UMGEBUNG

Île de Batz **[115 D1]**
Die kleine Insel (750 Ew., 3,5 km lang, 1,5 km breit) erreichen Sie mit dem Boot von Roscoff. Das Klima ist mild, es gibt feine Sandstrände, aber nur wenige Bäume – und kaum Autos.

Bodilis **[115 D2]**
Das stille Städtchen (1500 Ew.) 22 km westlich von Morlaix nahe Landivisiau besitzt reiche Kunstschätze in seiner *Kirche* (16. Jh.). Die prachtvolle Vorhalle ist mit zum Teil phantastischen Figuren geschmückt, im Innern sind Statuen, hölzerne Altarbilder, Schnitzbalken und prächtiges Chorgestühl zu bewundern.

Carantec **[115 D2]**
Der alte Familienbadeort (2500 Ew.), 20 km nördlich von Morlaix auf einer Halbinsel gelegen, besitzt schöne, weite Sandstrände. Zur

In der Altstadt von Morlaix

vorgelagerten *Île Gallot,* einem paradiesischen Eiland, gelangt man nur bei Ebbe.

Commana **[115 D3]**
Am Fuß der Monts d'Arrée liegt das Dorf (1100 Ew.), das einen großartigen umfriedeten *Kirchhof* besitzt. *20 km südwestlich von Morlaix*

Guerlesquin **[115 E2]**
Kleine, reizvolle Stadt (1800 Ew.) 25 km südöstlich von Morlaix mit urtümlichen Granithäusern um den Marktplatz.

Guimiliau **[115 D2]**
Einer der drei berühmtesten *Kirchhöfe* der Bretagne (neben Lampaul-Guimiliau und St-Thégonnec). Von Morlaix aus können sie auf einer Rundfahrt besucht werden, dem *Circuit des Trois Enclos.* Der Calvaire von Guimiliau entstand

1581–88 und ist mit seinen 200 Figuren der zweitgrößte der Bretagne. Die Eingangshalle der Kirche ist reich mit Figuren, die Szenen aus der Bibel darstellen, geschmückt. *22 km von Morlaix*

Huelgoat **[115 D3]**
★ Das 6 km^2 große Waldgebiet 30 km südlich von Morlaix bei Huelgoat (2000 Ew.) im Binnenland ist ein wunderschönes Ausflugsziel mit Spazierwegen zwischen bizarren Felsgruppen. Dieser Wald hing einst mit dem von Brocéliande zusammen und spielt eine zentrale Rolle in der bretonischen Märchen- und Sagenwelt. Schnell erreichbar sind die *Grotte du Diable, Ménage de la Vierge, Théâtre de Verdure*. Spazierwege unterschiedlicher Länge (0,5–2,5 Std.) führen weiter durch den Wald, so die *Promenade du Fer-à-Cheval et le Gouffre, Promenade à Pied* und *Promenade du Canal.*

Château de Kerjean **[114 C2]**
Das prächtigste Schloss der Landschaft Léon 35 km westlich von Morlaix wurde 1553–1618 von Louis Barbier, dem Erben des steinreichen Abts von St-Mathieu, erbaut. Seit 1911 ist es in Staatsbesitz. *Im Sommer Führungen, Info Tel. 02 98 69 93 69*

Lampaul-Guimiliau **[115 D2]**
3,5 km östlich von Guimiliau liegt der noch vollständig erhaltene *Kirchhof* mit einem sehr schlichten, stark beschädigten Calvaire. In der Kirche Notre-Dame ist besonders der prachtvolle, geschnitzte Triumphbalken mit der Kreuzigung sehenswert. Weitere Schätze sind die Pietà aus dem 16. Jh., ein baldachinbekröntes Taufbecken und die eindrucksvolle Grablegung (1676).

Monts d'Arrée **[115 D3]**
★ Das höchste Gebirge der Bretagne ist von wilder, urwüchsiger

Märchenhaft und legendenumwoben: der Wald von Huelgoat

Schönheit, obwohl die größten Erhebungen nicht einmal 400 m erreichen. Es liegt im 1100 km^2 großen *Parc Naturel Régional d'Armorique.* Der Weiler *Moulins de Kérouat* in einem Tal zwischen Sizun und Commana ist Teil des *Écomusée des Monts d'Arrée.* Neben zwei Wassermühlen besteht es aus einer Gerberei und dem Haus des Mühlsteinhauers.

Pencran **[114 C2]**
Nahe Landerneau liegt ein schöner Kirchhof mit Calvaire von 1521, *Kirche* von 1553 und Beinhaus von 1594. *40 km südwestlich von Morlaix*

Plougonven **[115 E2]**
Ein sehr schöner *Calvaire* steht in dem 12 km südöstlich von Morlaix gelegenen Ort. Er stammt aus dem Jahr 1554 und umfasst etwa 100 Figuren.

Roscoff **[115 D1]**
Die hübsche Hafenstadt (4000 Ew.) mit Fährverbindung nach England und Irland liegt 18 km nördlich von Morlaix. Roscoff ist ein viel besuchter Badeort mit geschützten Stränden und einem Thalassotherapiezentrum. Daneben wurde hier ein Laboratorium für ozeanografische und meeresbiologische Forschungen errichtet. Schöne alte *Reederhäuser* säumen die *Place Lacaze-Duthiers* und die *Rue Amiral-Réveillère.* In der Nähe lohnt das *Aquarium Charels-Pérez, tgl. 10–12 und 13–19 Uhr,* einen Besuch. Die Kirche *Notre-Dame-de-Croas-Batz* wurde im 16. Jh. mit den Geldern von Reedern erbaut und besitzt einen herrlichen Renaissanceglockenturm.

Saint-Pol-de-Léon **[115 D1]**
Das Städtchen 20 km nördlich von Morlaix (8000 Ew.) hat sich als ehemaliger Bischofssitz seinen altertümlichen Charme bewahrt. Als Mittelpunkt des wichtigsten bretonischen Anbaugebiets für Artischocken, Blumenkohl, Zwiebeln und Kartoffeln ist die Stadt gleichzeitig ein lebhafter Marktplatz.

Außer der ehemaligen Kathedrale aus dem 13./14. Jh. lohnt besonders die *Chapelle du Kreisker* einen Besuch. Sie besitzt einen prachtvollen, 77 m hohen Glockenturm, von dem man eine wunderschöne Aussicht hat. In der Altstadt von St-Pol-de-Léon stehen viele sehenswerte Häuser.

Saint-Thégonnec **[115 D2]**
Ein Höhepunkt der bretonischen Kunst ist der umfriedete *Kirchhof* des Dorfs 10 km südwestlich von Morlaix. Der 1610 errichtete Calvaire zeigt in überaus packender Darstellung die Leidensgeschichte Jesu Christi. Darüber sieht man den heiligen Thégonnec mit dem Wolf vor seinem Karren, vor den er das Raubtier spannte, nachdem sein Esel von den Wölfen gefressen worden war. Die Kanzel von 1683 in der Kirche gehört zu den Hauptwerken der bretonischen Kunst.

QUIMPER

Karte in der hinteren Umschlagklappe

[114 C4–5] Als Hauptstadt (63 000 Ew.) des Departments Finistère macht Quimper nicht allein wegen dieser Stellung eine gute Figur: Die Besucher sind sofort von der angenehmen Atmosphäre der schönen alten Stadt eingenommen. Über den Gassen der Altstadt und den Dächern der mittelalterlichen Häuser ragen die spitzen Türme der Kathedrale auf. Quimper, seit dem 5. Jh. Bischofssitz, war einst Hauptstadt des Königreichs Cornouaille, dessen legendärer König Gradlon den irischen Mönch Corentin zum ersten Bischof der Stadt machte. Quimper bietet vielfältige kulturelle Veranstaltungen. Höhepunkt der Feste ist und bleibt das alljährlich Ende Juli stattfindende große *Festival de Cornouaille*, bei dem es echt bretonisch zugeht.

Insider Tipp

Von Quimper aus lassen sich schöne Ausflüge unternehmen: eine Bootsfahrt auf der idyllischen Odet, dem »hübschesten Fluss Frankreichs«, oder zu den nahen *Îles de Glénan*, zu den Küstenorten im Süden, ins ländlich-stille Bigoudenland und zur *Pointe du Raz.*

SEHENSWERTES

Altstadt

Die sehr schöne Altstadt ist überwiegend Fußgängerzone. Von Autos ungestört können Sie die Fassaden der mit Fayencen bedeckten Fachwerkhäuser studieren, vor allem in der von der Kathedrale nach Westen führenden *Rue Kéréon*, der *Rue du Sallé* und an der *Place Terreau-Ducs.*

Cathédrale Saint-Corentin

Die großartige gotische Kathedrale beherrscht mit ihren beiden 76 m hohen Spitztürmen (1854–56) das Stadtbild. Sie ist dem irischen Mönch Corentin geweiht, der erster Bischof von Quimper war und dem bretonischen König Gradlon als Ratgeber diente.

Im lichten, 96 m langen und 20 m hohen Innern sind vor allem die herrlichen Glasfenster aus dem 15. Jh. zu beachten, sie zeigen hohe Geistliche und Adelsherrn, umgeben von ihren Schutzpatronen. An der Kanzel aus dem 17. Jh. ist das Leben des hl. Corentin dargestellt. Mehrere Grabdenkmäler liegen in den Seitenkapellen.

MUSEEN

Musée des Beaux-Arts

Das Museum der schönen Künste im ersten Stock des Rathauses besitzt bedeutende Gemälde der französischen, holländischen, spanischen und italienischen Malerei vom 14. bis zum Beginn des 20. Jhs. *Sommer tgl. 10–19 Uhr, place St-Corentin*

Musée Départemental Breton

Untergebracht im ehemaligen Bischofspalast neben der Kathedrale, geben die reichen Sammlungen des Museums einen umfassenden Überblick über die bretonische Kultur und Geschichte. Sehr schön ist die *Tour de Rohan,* ein Treppenturm mit Wendeltreppe neben dem Eingang. *Sommer tgl. 9–18 Uhr*

Musée de la Faïence

Reiche Sammlung regionaler Fayencen sowie wechselnde Ausstellungen. *14, rue Jean-Baptiste Bosquet, Mitte April–Mitte Okt. tgl. außer So 10–18 Uhr*

ESSEN & TRINKEN

L'Ambroisie

Insider Tipp

Meisterhaft zubereitet werden hier die besten Produkte der Bretagne – L'Ambroisie besticht durch eine

Kochkunst auf der Höhe der Zeit. *49, rue Elie-Fréron, Tel. 02 98 95 00 02, Mo geschl., €€€*

Le Capucin Gourmand
Traditionelle bretonische Küche in Vollendung, doch die Atmosphäre ist etwas steif. *29, rue des Réguaires, Tel. 02 98 95 43 12, So/Mo geschl., €€*

La Krampouzerie
Hier finden Sie eine große Auswahl an Crêpes in rustikalem Rahmen. *Rue du Sallé, Tel. 02 98 95 13 08, Mo geschl., €*

ÜBERNACHTEN

B & B City
Das große, komfortable Haus mit einem schönen Garten liegt etwas außerhalb von Quimper Richtung Fouesnant. *65 Zi., 131, route de Bénodet, Tel. 02 98 90 95 95, Fax 02 98 90 95 18, €–€€*

Le Celtic
Einfache, zentral gelegene Unterkunft. *35 Zi., 13, rue de Douarnenez, Tel. 02 98 55 59 35, Fax 02 98 53 43 74, €*

Dupleix
Komfortables Hotel der Mittelklasse am Fluss. *29 Zi., 34, boulevard Dupleix, Tel. 02 98 90 53 35, Fax 02 98 52 05 31, hdupleix@club-internet.fr, €€–€€€*

AM ABEND

Es gibt mehrere Diskotheken in Quimper, zwei gute Adressen sind *La Pépie, 3, rue Cosques,* und *Les 40ème, 7, avenue Georges Pompidou*

AUSKUNFT

Office de Tourisme
7, rue Déesse, 29000 Quimper, Tel. 02 98 53 04 05, Fax 02 98 53 31 33, office.tourisme.quimper@wanadoo.fr

ZIELE IN DER UMGEBUNG

Audierne **[114 B4]**
Sehr hübsch auf einer Halbinsel an der Mündung des Goyen 40 km westlich von Quimper liegt dieser Fischerort (3000 Ew.) mit einem kilometerlangen Sandstrand. Von hier fahren Ausflugsboote zur *Île de Sein, Dauer etwa 1 Std. 10 Min.*

Beg-Meil **[114 C5]**
Der renommierte Badeort 20 km südlich von Quimper am Eingang der *Baie de la Forêt* lockt mit prächtigen Stränden, eingebettet in Felsenbuchten, und kilometerlangen Dünen, vor denen sich die Strände *Sémaphore* und *Grande Plage* hinziehen. Ruhig gelegen ist das Hotel *Thalamot, 32 Zi., 4, chemin Greux, Tel. 02 98 94 97 38, Fax 02 98 94 49 92, €–€€*. Auskunft: *Office de Tourisme, 29170 Fouesnant, Tel. 02 98 94 97 47, Fax 02 98 56 64 02*

Bénodet **[114 C5]**
An der *Côte de Plaisance* 16 km südlich von Quimper liegt der elegante Badeort (2200 Ew.) mit Kasino, großem Yachthafen und schönem Sandstrand neben der Mündung des Flusses Odet.

Calvaire de Quilinen **[114 C4]**
Der Kalvarienberg 7 km nördlich von Quimper stammt ´von 1550. Sehenswert ist auch die kleine Kir-

che *Notre-Dame-de-Quilinen* (16. Jh.) mit Triumphbalken und Kreuzesabnahme.

Calvaire de Tronoën **[114 B5]**
Der älteste Kalvarienberg der Bretagne (1450) liegt 28 km südwestlich. Die Steinfiguren sind im Lauf der Zeit vom salzigen Wind verwittert und wirken fast archaisch.

Châteaulin **[114 C4]**
Berühmt ist die kleine Stadt 30 km nördlich von Quimper (6000 Ew.) an der Aulne bei Sportfischern, die hier Lachse fangen. Sehenswert ist die *Kapelle Notre-Dame* am linken Flussufer. Nahe alten Häusern steht sie in einem umfriedeten Kirchhof mit Triumphpforte, Calvaire und Beinhaus. Sie besitzt schöne Säulenkapitelle (13. Jh.).

Concarneau **[115 D5]**
Die Stadt 25 km südöstlich von Quimper (18 000 Ew.) ist ein bedeutender Fischereihafen. Eine besondere Sehenswürdigkeit ist die *Ville Close*, die auf einem Felsen im Hafen gelegene, mit starken Mauern aus dem 14. bis 16. Jh. befestigte Altstadt. Bei einem Rundgang auf den Wällen genießen Sie eine prächtige Aussicht auf Concarneau. In der Ville Close liegt das *Musée de la Pêche*, in dem man die große Bedeutung des Fischfangs für die Stadt mit Fanggeräten, Bootsmodellen und Dokumenten vor Augen geführt bekommt. Auch ein Aquarium ist vorhanden *(Sommer tgl. 9.30–20 Uhr)*. Das Restaurant *Le Galion, 15, rue de St-Guénolé, Tel. 02 98 97 30 16, €€*, bietet sehr gute Küche in einem schönen Ambiente. Übernachten können Sie z. B. im modernen, großen *L'Océan, 70 Zi., plage des Sables Blancs, Tel. 02 98 50 53 50, Fax 02 98 50 84 16, www.hotel-ocean.com, €€*, oder im *Les Halles, 23 Zi., place de l'Hôtel de Ville, Tel.*

Insider Tipp

Wo der Fluss Odet in den Atlantik mündet, liegt das Örtchen Bénodet

02 98 97 11 41, Fax 02 98 50 58 54, €–€€

Douarnenez **[114 C4]**

Die Stadt (18 000 Ew.) am Ufer der großen *Baie de Douarnenez* 22 km nordwestlich von Quimper ist ein bedeutender Fischerhafen. Wer hier seinen Urlaub verbringen will, wird den eingemeindeten Badeort *Tréboul* mit schönem Strand und Yachthafen wählen. Bei einer Besichtigung der Stadt mit ihren alten Vierteln sollten Sie das interessante *Port-Musée, tgl. 10–19 Uhr,* am Quai von Port-Rhu mit umfangreichen Sammlungen von Booten und Ausstellungen zur Bootsbautechnik besuchen. Lohnend ist auch eine Besichtigung der Häfen *Port du Rosmeur* und *Nouveau Port.*

Fouesnant **[114 C5]**

Das Städtchen 15 km südlich von Quimper (5500 Ew.) liegt in einem der üppigsten und idyllischsten Gebiete der Bretagne. Ländliche Stille und einsame Dörfer, aber auch schöne Sandstrände machen den Charme dieses Landstrichs aus. Hier gedeihen die Äpfel für den Cidre, und bei der *Fête des Pommiers* tragen die Frauen noch die prächtigen Flügelhauben aus weißer Spitze. Südlich von Fouesnant liegt der Badeort *Cap Coz,* nordöstlich kommen Sie nach *La Forêt-Fouesnant,* einem Ferienort mit umfriedetem Kirchhof und Calvaire aus dem 16. Jh. Der große Yachthafen *Port-La-Forêt* liegt zwischen Ort und Strand; von hier kann man zu den *Îles de Glénan* übersetzen.

Îles de Glénan **[114 C6]**

Der Archipel besteht aus zwölf Inseln und liegt 20 km südlich vor der Küste; es heißt, dass sich hier die heiße Sonne der Antillen mit dem weißen Sand von Mooréa vereine. Bis auf den Leuchtturmwächter auf der Insel *Penfret* ist der Archipel nicht dauerhaft bewohnt. Man landet auf der *Île St-Nicolas;* hier gibt es eine Tauchschule. International bekannt ist das *Centre Nautique de Glénan* mit seinen Segelschulen. Die Île Giautec und die unbewohnten Eilande sind Vogelschutzgebiete. *In der Saison fahren täglich Schiffe der Vedettes de l'Odet von Bénodet, Beg-Meil, Loctudy, Concarneau und Port-la-Forêt.*

Straßenlokal in Concarneau

Locronan **[114 C4]**

In der kleinen Stadt 17 km nordwestlich von Quimper (700 Ew.) vereinen sich bei der berühmten *Petite Troménie,* der Prozession am 2. Sonntag im Juli, und bei der alle sechs Jahre stattfindenden *Grande Troménie* religiöse Inbrunst und mittelalterliche Tradition. Der Legende nach lebte hier im 5. Jh. der heilige irische Eremit Ronan. Ihm wird die Erfindung der Weberei zugeschrieben. Lange Zeit war Locronan ein Zentrum der Segelweberei. Vom einstigen Reichtum zeugen noch die stattlichen Granithäuser am Kirchplatz der kleinen Stadt. Die *Kirche St-Ronan* stammt aus dem 15. Jh. und besitzt schöne Glasfenster und Gestühl mit der Darstellung des Lebens von St-Ronan. In der *Chapelle du Pénity* liegt der Grabstein des Heiligen.

Montagnes Noires **[115 D–E4]**
Mit den Monts d'Arrée zusammen bilden die Montagnes Noires das gebirgige Rückgrat der Bretagne. Sie erreichen mit dem *Roc Toullaëron* eine Höhe von 326 m. Überwiegend ist der Bergzug mit Tannen aufgeforstet worden. Das Gebiet ist touristisch noch wenig erschlossen. Auf einer Rundfahrt von *Châteauneuf-du-Faou* (in der Taufkapelle der Kirche Bilder von Paul Sérusier) über *Cléden-Poher* (umfriedeter Kirchhof) und *Carhaix-Plouguer* nach *St-Hernin* entdecken Sie die Reize dieser Landschaft.

Pleyben **[115 D3–4]**
Der wundervolle *Calvaire* des Städtchens 25 km nordöstlich von Quimper (3900 Ew.) gilt als einer der bedeutendsten der Bretagne. Man betritt den Kirchhof durch eine Triumphpforte aus dem Jahr 1725. Der Kalvarienberg ist ebenfalls als Triumphpforte gestaltet. Er wurde 1555 neben der Kirche errichtet, 1738 dann an seinen jetzigen Platz verlegt. Das Beinhaus von 1515 ist das älteste der Bretagne.

Pointe du Raz **[114 A4]**
Etwa 60 km nordwestlich von Quimper stehen Sie am westlichsten Punkt des südlichen Finistère, in einer Urlandschaft, die von schroffen Felsen, gefährlichen Riffen und donnernder Brandung beherrscht wird. Allein sind Sie dabei im Sommer nie: Das Kap ist einer der meistbesuchten Plätze der Bretagne. Für den Weg auf dem Felskamm zur Spitze und zurück rechne man gut eine Stunde.

Pont-Aven **[115 D5]**
Der Ruhm des hübschen Städtchens 34 km südöstlich von Quimper (3200 Ew.) gründet sich auf Paul Gauguin, um den sich die »Schule von Pont-Aven« bildete. Gauguin weilte hier zwischen 1886 und 1889 und entwickelte in der Begegnung mit dem jungen Maler Émile Bernard einen neuen, expressionistischen Stil, wie er zum Beispiel in dem berühmten Gemälde »Le Christ Jaune« zum Ausdruck kommt. Im *Musée de Pont-Aven* wird diese Zeit mit Dokumenten und Bildern lebendig *(Juli/Aug. tgl. 10–19, sonst 10–12.30 und 14–19 Uhr)*. Der Spaziergang durch den *Bois d'Amour* am Ufer des Aven führt auf einem beschilderten Pfad zu den Plätzen, wo die Künstler der Schule von Pont-Aven malten.

Pont-l'Abbé **[114 C5]**
Der Hauptort (8000 Ew.) des Bigoudenlands liegt an der sich zur Bucht erweiternden Mündung des gleichnamigen Flusses, 20 km südlich von Quimper. Pont-l'Abbé wurde durch seine Spitzenklöppelei und Stickerei bekannt. Außer der romanischen Kirche *Notre-Dame-des-Carmes* sind in der Stadt das Schloss mit dem *Musée Bigouden* im alten Turm zu besichtigen *(Sommer tgl. 10–12 und 14–18 Uhr)*.

4 km außerhalb von Pont-l'Abbé in Richtung Loctudy liegt am Ende einer Kastanienallee die interessante *Maison du Pays Bigouden* im ehemaligen Bauernhof Kervazégan, mit möblierten Räumen und landwirtschaftlichen Geräten. *Mo–Sa tgl. 10–12 und 14–18 Uhr*

insider tipp

Le Pouldu **[115 E6]**
In dem kleinen Ort an der Flussmündung der Laïta 13 km südlich von Quimperlé lebte 1889 Paul Gauguin ein Jahr lang in der Fischerherberge von Marie Henry am Strand Grands Sables.

Quimperlé **[115 E5]**
In der reizvoll am Zusammenfluss von Isole und Ellé gelegenen Kleinstadt (12 000 Ew.) stehen noch viele alte Häuser und Kirchen, vor allem in der malerischen Unterstadt auf einer Landzunge zwischen den beiden Flüssen. Hier liegt die *Abtei Ste-Croix* (12. Jh., wieder aufgebaut 1862–68), deren kreisförmiger Grundriss der Kirche zum Heiligen Grab in Jerusalem nachgebildet ist. Besonders schön sind die original erhaltene romanische Apsis und die Krypta. In der engen, nördlich der Kirche abzweigenden *Rue Dom-Moric* stehen Fachwerkhäuser aus dem 16. Jh. und das *Musée* in der schönen Maison des Archers von 1470, *tgl. 10.30–18.30, Vor- und Nachsaison tgl. außer Di 13–18.30 Uhr). 40 km südöstlch von Quimper*

Île de Sein **[114 A4]**
★ Flach und kahl, von den mächtigen Wellen des Atlantiks umspült, hebt sich die kleine Insel (500 Ew.) vor der Pointe du Raz aus dem Meer. Im einzigen Ort mit seinen kleinen weißen Häusern und engen Straßen erinnert das *Museum* an die heroische Rolle, die die Insel im Zweiten Weltkrieg spielte. An der Westspitze steht der Leuchtturm mit einer Reichweite von rund 50 km. Weiter draußen erhebt sich der 1881 auf ein Riff gebaute *Phare d'Ar Men. Überfahrt von Audierne rund 1 Std. und 10 Min.*

Erinnerung an die Zeit von Paul Gauguin: Musée de Pont-Aven

Strände im südlichen Licht

Bunt bewimpelte Schiffe auf glitzernden Wellen und reihenweise Menhire, monumentale Zeugen einer geheimnisvollen Vergangenheit

Mit dem Golf von Morbihan, der Halbinsel Quiberon, der Belle-Île und der Côte des Megalithes mit Carnac umfasst dieser Abschnitt der Südküste einen besonders schönen Teil der Bretagne. Auf Bretonisch bedeutet Morbihan »kleines Meer«, und tatsächlich ist der ★ Golf du Morbihan mit seinen zahlreichen großen und kleinen Inseln und schönen Badestränden eine Welt für sich. Dank der geschützten Lage ist er der ideale Platz für den Badeurlaub. Das gilt auch für die Halbinsel Quiberon, die im Sommer allerdings stark besucht ist. Die Bucht von Quiberon ist eines der schönsten Segelreviere der französischen Atlantikküste, mit den Badeorten und Yachthäfen La Trinité-sur-Mer, Carnac, Port-Haliguen und Le Crouesty auf der Halbinsel Rhuys. Klimatisch ist Morbihan besonders begünstigt; nirgendwo in der Bretagne ist die Vegetation üppiger. Da der Golf von Morbihan als eines der wichtigsten Vogelüberwinterungsgebiete Westeuropas gilt, wurden Vogelschutzgebiete geschaffen, die auch im Sommer mit sachkundiger Führung ein Erlebnis sind.

Neben dem Leuchtturm auf Belle-Île lagern Austernkörbe und Markierungsfähnchen

Platz mit Aussicht

LORIENT

[118 A2] Das Stadtbild von Lorient (60 000 Ew.) kann nicht mit malerischen Ansichten aufwarten. Im Zweiten Weltkrieg wurde die Stadt zu 85 Prozent zerstört. Im 18. Jh. war Lorient wichtiger Hafen der Compagnie des Indes, die Handel mit Indien und China trieb, was der Stadt den Namen *l'Orient* und großen Reichtum eintrug.

Die modern wieder aufgebaute Stadt rühmt sich, fünf Häfen zu besitzen: den Fischereihafen, der in

Frankreich an erster Stelle steht, was die Vielfalt der angelandeten Fische und Meeresfrüchte betrifft; den Passagierhafen; den Marinehafen mit U-Boot-Basis; den Handelshafen und den Yachthafen. Verständlich also, dass die Häfen die wichtigsten Sehenswürdigkeiten der Stadt sind. Es gibt eine Reihe guter Hotels und Restaurants.

Besucher kommen alljährlich im August von weither, um das *Festival Interceltique* zu erleben, das größte bretonische Kulturereignis des Landes, an dem viele internationale keltische Künstler teilnehmen.

SEHENSWERTES

Arsenal

Auf dem großen Marinegelände sind vier Schiffsbecken zu besichtigen, in denen Kriegsschiffe repariert oder aus Fertigteilen zusammengeschweißt werden. *Mai bis Sept. tgl. 9.30–11 und 14–17 Uhr, Zugang durch die Porte Gabriel*

Notre-Dame-de-Victoire

In dem städtebaulich gelungenen modernen Viertel an der *Place Alsace-Lorraine* steht die ebenso moderne Kirche von 1954. Baustoffe sind Beton und Granit. Im Innern leuchten Glasfenster in glühenden Farben. Die Wand hinter dem Hauptaltar ziert ein Fresko in Pastelltönen; im Schiff ist eine meisterhafte Grablegung zu sehen.

Insider Tipp **Port de Pêche de Keroman**

Der Besuch ist besonders am Morgen empfehlenswert, wenn der Betrieb am größten ist. Die Länge der Kais beträgt 1850 m. Neben großen Kühlhäusern gibt es eine 600 m lange Versteigerungshalle, Reparaturwerften für die Fischereifahrzeuge und Verarbeitungsbetriebe. Von hier aus ist auch die *base des sous-marins, tgl. 9.30–11 und 14–17 Uhr,* zugänglich, eine beeindruckende Anlage, erbaut 1941–43 während der deutschen Besetzung.

ESSEN & TRINKEN

Amphitryon

Klein, aber fein ist dieses gemütliche Feinschmeckerrestaurant. Besonders zu empfehlen sind die frischen Fischgerichte. *127, rue du Colonel Muller, Tel. 02 97 83 34 04, Juli/Aug. kein Ruhetag, sonst So/Mo geschl.,* €€–€€€

Le Jardin Gourmand Insider Tipp

Alles ist von bester Qualität, ob *poulet*, Fisch oder *gratin de lotte au cidre* (Quappengratin in Cidre), dabei von schlichtem Raffinement. Das Preisniveau ist eine weitere erfreuliche Überraschung. *46, rue Jules-Simon, Tel. 02 97 64 17 24, So/Mo geschl.,* €€€

Le Pic

Zwanglos und großzügig geht es hier zu. Die Menüs des Hauses sind ebenfalls ein Vergnügen. Als Getränk wird bevorzugt *chouchen* gereicht, der bretonische Honigmet. *2, boulevard Franchet d'Espérey, Tel. 02 97 21 18 29, Sa mittags und So geschl.,* €

EINKAUFEN

In zwei Markthallen finden Sie ein großes Angebot an Fisch sowie Obst und Gemüse: in der Markthalle Saint Louis, *rue du Maréchal Foch*, und in der Markthalle von Merville (Fisch), *avenue Anatole*

France, am Mittwoch- und Samstagvormittag mit Gemüse- und Obstmarkt vor der Halle.

ÜBERNACHTEN

D'Arvor
Zentral gelegenes, einfaches Hotel mit Restaurant. *13 Zi., 104, rue Lazare Carnot, Tel. 02 97 21 07 55, kein Fax,* €

Astoria
Komfortables Haus in zentraler Lage. *40 Zi., 3, rue Olivier de Clisson, Tel. 02 97 21 10 23, Fax 02 97 21 03 55,* €€

Insider Tipp **Château de Locguénolé**
In einem Park am Ufer des Blavet liegt das gepflegte Schlosshotel mit ausgezeichnetem Restaurant. Anfahrt D 194, D 781 Richtung Hennebont. *22 Zi., route de Port-Louis, Tel. 02 97 76 76 76, Fax 02 97 76 82 35, www.chateau-de-locguenole.com,* €€€

Mercure
Das beste Haus am Platz, zentrale Lage, jeder Komfort. *58 Zi., 31, place Jules Ferry, Tel. 02 97 21 35 73, Fax 02 97 64 48 62, www.accor-hotels.com,* €€

AUSKUNFT

Office de Tourisme
Quai de Rohan, 56100 Lorient, Tel. 02 97 21 07 84, Fax 02 97 21 99 44, www.lorient-tourisme.com

ZIELE IN DER UMGEBUNG

Le Faouët **[118 A1]**
Mitten im Argoat, dem Waldland, 40 km nördlich von Lorient, liegt das Städtchen (3100 Ew.) malerisch zwischen den Flüsschen Stèr-Laër und Ellé. Die *Grande Place* wird von großen Markthallen aus dem 16. Jh. beherrscht. Schönes, altes Dachgestühl über Granitpfeilern. Lohnend sind Ausflüge in die ländliche Stille der kleinen Flusstäler Insider Tipp

MARCO POLO Highlights »Morbihan«

★ **Golfe du Morbihan**
Am besten entdeckt man die Inselwelt mit dem Schiff (Seite 71)

★ **Vannes**
Der Bummel durch die geschichtsträchtige Altstadt ist ein Erlebnis (Seite 80)

★ **Belle-Île**
Die größte Insel der Bretagne ist ein Ferienparadies (Seite 77)

★ **Josselin**
Im Stammschloss der Rohan entzückt eine Puppensammlung (Seite 84)

★ **Carnac und Locmariaquer**
Menhire und Dolmen: Die eindrucksvollsten Vorzeitmonumente finden Sie hier (Seite 78 und 79)

★ **Île d'Arz**
Friedliches Idyll im Golf von Morbihan (Seite 82)

ringsum, zu Kirchen und Kapellen wie der *Chapelle St-Fiacre* im schönsten Flamboyant-Stil, der *Chapelle St-Barbe* oder der *Chapelle St-Nicolas* im nahen Umkreis.

Île de Groix **[118 A3]**
Tagesausflüge gehen von Lorient zu der kleinen Insel von herbem Charme. Die Westküste ist wild und felsig; im Süden und Osten liegen geschützte Sandbuchten. Hauptort ist *Groix* (2600 Ew.). Interessant ist das kultur- und landeskundliche *Écomusée in Port-Tudy, Sommer tgl. 10–12.30 und 14–19, sonst tgl. außer Mo 10–12.30 Uhr.* Man wohnt bequem im *Hôtel de la Marine, 22 Zi., Tel. 02 97 86 80 05, Fax 02 97 86 56 37, www.hoteldelamarine.com, €–€€.*

Hennebont **[118 A2]**
Das alte, befestigte Städtchen (13 000 Ew.) liegt ungefähr 12 km nordöstlich von Lorient. Die gotische Basilika *Notre-Dame-du-Paradis* aus dem 16. Jh. besitzt einen mächtigen Glockenturm von 72 m Höhe und eine imposante, reich verzierte Vorhalle. Durch die *Porte du Bro-Erec'h* betritt man die *Ville Close* mit Häusern aus dem 16./17. Jh. Pferdefreunde besuchen das in einer alten Abtei untergebrachte staatliche Hengstdepot *(Haras National), Mo–Fr Mitte Juli–Aug. 10–16.15 Uhr, sonst nur nachmittags.*

Kernascléden **[118 A1]**
Das Dorf 35 km nördlich von Lorient besitzt mit *Notre-Dame,* von den Rohan gestiftet, eine schöne Kirche im Stil der Flamboyantgotik. Die Gewölbe sind reich mit Fresken (15. Jh.) geschmückt.

Larmor-Plage **[118 A3]**
Der 6 km südlich von Lorient gelegene Ort mit feinsandigen Stränden ist der beliebteste Badeplatz der Städter.

Pontivy **[118 B1]**
Napoleon ließ neben der im 6. Jh. gegründeten Altstadt eine geometrisch angelegte Neustadt bauen, die er Napoléonville nannte. Schöne alte Bürgerhäuser stehen in der *Rue du Fil, Rue du Pont* und *Rue Docteur-Guépin.* Das von Wallgräben umgebene Schloss wurde 1485 von der Familie Rohan erbaut. Zu besichtigen sind mehrere Säle, im Sommer wechselnde Ausstellungen. *Mitte Juni–Mitte Okt. tgl. 10.30–19, sonst Mi–So 10–12 und 14–18 Uhr, 50 km nordöstlich von Lorient*

Port-Louis **[118 A3]**
Von Lorient setzt man mit dem Boot zu dem ehemaligen Thunfischhafen über. In der ins Meer gebauten Zitadelle sind sehenswerte Museen untergebracht: das *Musée de la Compagnie des Indes* mit reichen Sammlungen zur Geschichte der Handelsgesellschaft und das *Musée de la Marine* mit Schiffsmodellen und Dokumenten, Fischerbooten und -ausrüstungen. *Beide April–Mitte Sept. tgl. 10–18.30, sonst Mi–Mo 14–18 Uhr*

Poul-Fetan **[118 B2]** Insider Tipp
25 km nordöstlich von Lorient bei *Quistinic* gelegener alter bretonischer Weiler, der zum hübschen Freilichtmuseum geworden ist, mit Strohdachhäusern, Handwerksausstellungen und alter *Auberge,* in der man bretonische Spezialitäten bekommt.

QUIBERON

[118 B4] Für den Badeurlaub mit wassersportlichen Aktivitäten ist die Halbinsel Quiberon mit dem gleichnamigen Ferienort und Fischerhafen einer der bedeutendsten Plätze der Bretagne. Im Sommer kommen auf jeden der 7000 Halbinsulaner mehr als zehn Feriengäste. Vielfältig sind die Attraktionen: Die dem offenen Atlantik zugewandte Westküste wird *Côte Sauvage* genannt – ein gezacktes Felsband, in das vereinzelt kleine Sandbuchten gebettet sind. Die windgeschützte Ostküste dagegen ist mit ihren langen, feinen Sandstränden ein Badeparadies für Familien und ein Revier der Windsurfer und Strandsegler.

Neben Quiberon ist *St-Pierre-Quiberon* der wichtigste Ferienort an der Küste; im Innern der Halbinsel liegen kleine Weiler wie *Kermorvan, Roch-Priol, Portivy, Kervozes* – mit Hotels, Ferienwohnungen oder Campingplätzen. Quiberon, nur durch eine schmale Landenge mit dem Festland verbunden, war einmal eine Insel. Ringsum liegen »richtige« Inseln: *Belle-Île, Houat, Hoëdic.* Wenn Sie insulare Abgeschiedenheit suchen, sind dies die gegebenen Ziele.

SEHENSWERTES

Port-Maria
Neben dem schönen, nach Süden gelegenen Strand von Quiberon-Ort liegt der malerische Fischerhafen mit dem Wohnviertel der Fischer und Sardinenkonservenfabriken.

ESSEN & TRINKEN

L'Ancienne Forge
In der »Alten Schmiede« isst man in gemütlichem Rahmen vorzüglich zubereitete Fischgerichte, prächtige

Die Westküste der Halbinsel Quiberon, die Côte Sauvage

Hummer und Langusten. *20, rue de Verdun, Tel. 02 97 50 18 64, Di geschl., €€*

Crêperie du Vieux Port
Wie überall an der Küste dominieren Fisch und Meeresfrüchte die Karte. Natürlich gibt es auch Crêpes. Angenehmes Ambiente in einem alten Haus mit Garten. *Port-Haliguen, 44, rue Surcouf, Tel. 02 97 30 38 39, Di abends geschl., €*

Le Jules Verne
Auch hier gibt es alles, was das Meer zu bieten hat – in bester Qualität. *1, boulevard d'Hoëdic in Port-Maria, Tel. 02 97 30 55 55, Di/Mi geschl., €–€€*

Le Relax
Bei weitem Blick aufs Meer am Strand von Kermorvan genießt man tadellos zubereitete Fischgerichte. *27, boulevard Castero, plage de Kermorvan, Tel. 02 97 50 12 84, So abends und Mo geschl., €–€€*

Verger de la Mer
Die Küche ist nicht nur auf Fisch spezialisiert. *Boulevard Goulvars, Tel. 02 97 50 29 12, Di abends und Mi geschl., €*

EINKAUFEN

Spezialitäten sind die ausgezeichneten Fischkonserven von *La Quiberonnaise, 30, rue du Port de Pêche und 5, quai de Houat Port-Maria* sowie *La Belle-Iloise, 10, rue Kervozés, Port-Maria. Märkte* finden von Mitte Juni bis Mitte September in Quiberon am Samstagvormittag auf der *Place du Varquez* und am Donnerstagvormittag in *St-Pierre Quiberon* statt.

ÜBERNACHTEN

Bellevue
Nahe an Strand und Kasino gelegen, 38 schöne Zimmer, teils mit Meerblick, Schwimmbad im Garten. *Rue de Tiviec, Okt.–März geschl., Tel. 02 97 50 16 28, Fax 02 97 30 44 34, €–€€*

Au Bon Accueil
Nette kleine Hotelpension mit Restaurant. Blick über den Hafen. *14 Zi., 6, quai de Houat, Tel. 02 97 50 28 62, kein Fax, €*

L'Océan Insider Tipp
Stilvolles Hotel von 1897 am Hafen, komfortable Zimmer, Restaurant. *7, quai de l'Ocean, Tel./Fax 02 97 50 07 58, €–€€*

Résidence de Tourisme Orion
Die Anlage mit 65 Studios für ein bis vier Personen liegt günstig nahe Zentrum und Strand. Der Wochenpreis in der Hochsaison beträgt 560 bis 700 Euro. *98, rue du Port de Pêche, Tel. 02 97 30 42 74, Fax 02 97 30 33 70*

Sofitel Thalassa
Das luxuriöse, große Hotel liegt absolut ruhig direkt am Meer bei der Plage du Goviro. Angeschlossen ist ein *Centre de Thalassothérapie.* Garten und Restaurant, auch mit Diätküche. *133 Zi., Pointe de Goulvars, Tel. 02 97 50 20 00, Fax 02 97 50 46 32, www.thalassa.com, €€€*

FREIZEIT & SPORT

Die Strände liegen geschützt an der Ostseite der Halbinsel. Baden an der Côte Sauvage ist verboten, da

Versteinerte Soldaten?

Noch immer geben die Megalithen Rätsel auf

Die Megalithen wurden von Menschen errichtet, da ist sich die Wissenschaft heute einig – man hat sogar Transportspuren gefunden. Radiokarbonmessungen ergaben eine Entstehungszeit zwischen 5000 und 2000 v. Chr. Rätselhaft ist allerdings noch ihre Deutung: Dienten sie als Sonnen- oder Mondkalender, konnte man die Gezeiten des Meeres ablesen, waren es Fruchtbarkeitssymbole, Kultstätten, Prozessionsstraßen oder Fürstengräber? Viele Spekulationen und Sagen ranken sich um die eindrucksvollen Monumente – doch ganz sicher sind es nicht die römischen Soldaten, die den heiligen Cornély verfolgten, der zur Zeit des Kaisers Decius nach Carnac geflohen sein soll. Die Legende erzählt, dass er die Legionäre verfluchte, worauf sie auf der Stelle zu Stein erstarrten.

zu gefährlich. Die Wassersportmöglichkeiten umfassen Windsurfen, Wellensurfen, Segeln, Wasserski, Tauchen.

Segelclubs und -schulen

École de Surf, 48, avenue Général de Gaulle, Tel. 02 97 50 39 67; Association Sportive et Nautique de Quiberon, Le Porigho, Tel. 02 97 30 56 54

AM ABEND

Im Kasino gibt es neben Spielsaal und Boulebahn die Diskothek *Le Fool, 2, boulevard René Cassin*. Nachtbars sind das *Hemisphere Sud, 4, rue du Phare,* oder *Le Celty's, 29, place Hoche.*

AUSKUNFT

Office de Tourisme

14, rue de Verdun, 56170 Quiberon, Tel. 02 97 50 07 84, Fax 02 97 30 58 22, www.quiberon.com

ZIELE IN DER UMGEBUNG

Belle-Île [118 A–B 4–5]

★ Die »schöne Insel« trägt ihren Namen zu Recht. Sie ist mit 17 km Länge und 9 km Breite die größte Insel der Bretagne und ein wahres Sommerparadies. Von Quiberon (Port Maria) sind Tagesausflüge per Boot möglich. Belle-Île hat eine prächtige Felsküste, im Osten mit geschützten kleinen Badebuchten. Die tief eingeschnittenen kleinen Täler überraschen mit üppiger Vegetation. Hier liegen in Gruppen die weiß gekalkten Häuser der insgesamt 4100 Insulaner. Hauptort ist Le Palais (2400 Ew.), in dessen von der mächtigen Zitadelle Sébastien de Vaubans beherrschtem Hafen die Fähren und Ausflugsboote anlegen. Im Südosten der Insel liegt *Locmaria* mit der kilometerlangen *Plage des Grands Sables.*

An der *Côte Sauvage* im Süden befindet sich das Dorf *Bangor* mit den prächtigen Stränden *Herlin* und *Kerel*. In westlicher Richtung gelangen Sie zum *Grand Phare*, einem 84 m über dem Meer aufragenden Leuchtturm von 1835.

Der benachbarte schöne Ferienort *Port-Goulphar* an einer wilden Felsenküste bietet auch Meerwasserkuren an.

Sauzon an der Nordküste besitzt einen geschützten Naturhafen. Nahebei liegen die großartige *Grotte de l'Apothicairerie* an der Westküste und, an der Nordspitze, der *Pointe des Poulains*, das *Fort Sarah Bernhard*, das die große Schauspielerin sich für ihre Ferien umbauen ließ. Übernachten können Sie z. B. im Hotel *Le Castel Clara* mit einem guten Restaurant, *39 Zi., Goulphar-Bangor, Tel. 02 97 31 84 21, Fax 02 97 31 51 69, www.castel-clara.com*, €€€. Ferienwohnungen vermietet *Air et Soleil, 2, place de la République, Le Palais, Tel. 02 97 31 34 34, Fax 02 97 31 34 35*. Und wenn Sie ein Restaurant suchen: *Le Perroquet Vert, route Bangor, Tel. 02 97 31 32 50, Mi geschl.*, €, ist sehr zu empfehlen.

Auskunft: *Office de Tourisme, quai Bonnelle, Le Palais, Tel. 02 97 31 81 93, Fax 02 97 31 56 17, www.belle-ile.com*

Carnac **[118 B3]**

★ Mit *Carnac-Plage* bildet die »Hauptstadt der Vorgeschichte« 10 km nördlich von Quiberon (4200 Ew.) einen viel besuchten Badeort. Das größte Megalithfeld der Welt, die *Alignements de Carnac*, umfasst knapp 3000 Menhire, verteilt auf mehrere Plätze in Dorfnähe. Sie entstanden zwischen 5000 und 2000 v. Chr. Erste Station sind die *Alignements de Ménec* (Inside Tipp) nördlich an der D 196. Mit 1099 Menhiren umfasst die 1167 m lange und 100 m breite Anlage elf Steinreihen. Die weiter nordwestlich gelegenen *Alignements von Kermario* und *Kerlescan*

Vor 7000 Jahren wurden die ersten Menhire bei Carnac aufgestellt

sind kaum kleiner. Bei den Alignements von Kermario liegt das *Restaurant La Côte, Tel. 02 97 52 02 80,* €€. Die schönste und größte Anlage, die *Alignements von Kerzhero*, befindet sich 9 km nordöstlich vor *Erdeven*. Die Steinreihen wurden eingezäunt, um die Schädigung des Terrains durch die Besucher zu bremsen.

Ganz in der Nähe von Carnac erhebt sich der 12 m hohe und 125 m lange *Tumulus St-Michel*, ein Hügelgrab mit zwei Grabkammern. Auf dem Hügel steht die Kapelle St-Michel; von der Orientierungstafel bietet sich ein weiter Blick auf das Gebiet der Megalithen. Weitere prähistorische Plätze nordwestlich von Carnac sind die *Dolmen von Rondossec*, die *Alignements de Ste-Barbe*, die *Dolmen von Crucuno* und *Mané-Croch*. Übernachtungsmöglichkeit finden Sie in Carnac z. B. im *Hôtel du Tumulus, 25 Zi., 31, rue du Tumulus, Tel 02 97 52 08 21, Fax 02 97 52 81 88, www.hotel-tumulus.com,* €€

Île d'Hoëdic [118 B5]

Die kleine Granitinsel (141 Ew.) misst nur 2,5 mal 0,8 km. Eine Welt von herbem Charme, zu der von Quiberon aus Tagesausflüge per Boot angeboten werden. Die drei Häfen sind bei Seglern geschätzt. Es sind zahlreiche Ferienwohnungen vorhanden *(Tel. 02 97 30 68 32)*, es gibt einen Campingplatz und das Hotel *Les Cardinaux, 10 Zi., Le Bourg, Tel. 02 97 52 37 27, Fax 02 97 52 41 26,* €€.

Île d'Houat [118 B4]

Die Insel hat 390 Einwohner, ist 5 km lang und 1 km breit. Die Überfahrt von Quiberon dauert etwa eine halbe Stunde. Der Reiz der Insel liegt in der einfach und ursprünglich gebliebenen Lebensweise der Insulaner und der unverbauten Landschaft. Die Küste besteht aus kleinen Felsbuchten und den beiden kilometerlangen Sandstränden *Treach er Salus* und *Trac'h er Gourel*. Unterkunft finden Sie im *Hotel Des Îles, 13 Zi., Le Bourg, Tel. 02 97 30 68 02, Fax 02 97 30 66 61,* €; Zimmer, Studios und Ferienhäuser vermietet *Pierre et Vacances, Tel. 02 97 53 85 35.*

Locmariaquer [118 B4]

★ Das alte Hafenstädtchen (1270 Ew.) 30 km nordöstlich liegt in einem bedeutenden Megalithgebiet. Die kleine *Kirche* mit schönem romanischen Gewölbe und reich verzierten Säulenkapitellen lohnt einen Besuch. Nahe dem Friedhofseingang liegt der größte bekannte Menhir, der *Mener-Hroëc'h* (Stein der Fee). Er ist in vier Teile zerbrochen, wiegt insgesamt 347 t und ist 20,30 m lang. Dahinter befindet sich die *Table des Marchands*, ein Dolmen von 2,5 m Höhe und 36 m Durchmesser. Der Weg zum *Dolmen von Mané-Rethual* beginnt fast vis-a-vis dem Friedhofseingang. Die mächtige Steinplatte über der Kammer misst 12 m. 1 km südöstlich liegt der *Tumulus Mané-er-Hroëc'h*. 23 Stufen führen zu einer Grabkammer. Der *Dolmen Pierres Plates* westlich der *Pointe de Kerpenhir* ist berühmt wegen der mit Gravierungen geschmückten Kammern.

Plouharnel [118 B3]

Im Flutbecken hinter dem Ort 25 km nördlich von Quiberon können Sie die *Galion de Plouharnel*,

Nachbau eines Schiffs aus dem 18. Jh., besichtigen. Sehenswert ist auch das nahe *Musée de la Chouannerie, April–Sept. tgl. 10–12 und 14–18 Uhr,* das die Geschichte der hiesigen royalistischen Widerstandskämpfer während der Revolution bewahrt.

La Trinité-sur-Mer **[118 B3]**
Wegen des langen Sandstrands und des großen Yachthafens stark besuchter kleiner Badeort mit vier Campingplätzen in schöner Lage östlich von Carnac. Empfehlenswerte Hotels sind *Le Rouzic, 32 Zi., 17, cours des Quais, Tel. 02 97 55 72 06, Fax 02 97 55 82 25, €,* und *L'Ostrea, 12 Zi., 34, cours des Quais, Tel. 02 97 55 73 23, Fax 02 97 55 86 43, www.hotel-ostrea.com, €–€€.* Speisen können Sie im Restaurant *L'Azimut, 1, rue Men Du, Tel. 02 97 55 71 88, Nebensaison Di abends und Mi geschl., €€–€€€*

VANNES

Karte in der hinteren Umschlagklappe

[118 C3] ★ Die Hauptstadt des Departments Morbihan (52 500 Ew.) zieht im Sommer viele Besucher an. Nicht nur die Lage an einem nördlichen Wasserarm des Golfe du Morbihan, auch die historisch bedeutende Stadt selbst mit ihren mittelalterlichen Gassen und der teilweise erhaltenen Ringmauer mit malerischen Türmen machen Vannes zu einem lohnenden Ziel. Der Gründer der Bretagne, Nominoë, machte Vannes zu seiner Hauptstadt, wie später sein Sohn Erispoë und im Mittelalter die Herzöge von Montfort. 1532 wurde hier der Vertrag der »immer währenden Union« unterzeichnet, der die Bretagne mit dem Königreich Frankreich vereinte. Auch wenn Sie nicht in Vannes Quartier beziehen – einen halben Tag sollten Sie sich für die Stadt Zeit nehmen.

SEHENSWERTES

Cathédrale Saint-Pierre
Vom 12. bis zum 16. Jh. wurde an der spätgotischen Kathedrale aus Granit gebaut. Die neugotische Fassade stammt von 1857. Im Innern befindet sich das Grab des hl. Vincent Ferrier in der linken Rundkapelle. Der spanische Mönch, der hier Wunder vollbracht haben soll, starb 1419 in Vannes und wurde 1455 heilig gesprochen. Im Kapitelsaal ist der Kirchenschatz zu sehen. *Sommer tgl. 10.30–18 Uhr*

La Cohue
Die hohe, ehemalige Markthalle hinter der Kathedrale stammt aus dem 12. bis 14. Jh. Hier wurde auch Gericht gehalten.

Maisons à Pans de Bois
Die schönsten und ältesten Fachwerkhäuser befinden sich in der *Rue St-Salomon* (Nr. 10 von 1560 und Nr. 13, mit geschnitzten Holzfiguren). Von 1565 stammt die *Maison St-Yves* in der Rue Burgault Nr. 9. Die ältesten Häuser (erste Hälfte des 15. Jhs.) sind die Nr. 2 und Nr. 4. Die Figuren »Vannes et sa Femme« zieren die Fassade von Haus Nr. 3 in der Rue René Rogue.

Parc du Golfe
In dem Park beim Yachthafen liegen mehrere Attraktionen: Das

Unter himmlischem Schutz: Uhr der Kathedrale St-Pierre in Vannes

Aquarium Océanographique et Tropical, Sommer tgl. 9–20, sonst 9–12.30 und 13.30–19 Uhr, gilt als eines der größten in Europa, mit mehr als 50 Becken, in denen sich Tausende von Fischen und Meerestieren aller Ozeane tummeln. Im *Jardin aux Papillons, Sommer tgl. 10–19, sonst 10–12.30 und 14–18 Uhr,* fasziniert die exotisch-bunte Vielfalt der verschiedensten Schmetterlingsarten. Höchst reizvoll ist die Versammlung von ungefähr 200 nachgebildeten Personen der Zeitgeschichte im *Palais des Automates, Sommer tgl. 10–19, sonst 10–12 und 14–18 Uhr*

MUSEEN

Musée de La Cohue

Im ersten Stock der Markthallen von Vannes befindet sich in der *Salle du Tribunal* das *Musée des Beaux-Arts* mit bedeutenden Werken vom 14. bis zum 19. Jh. sowie alten Möbeln und Kunstgegenständen. Das *Musée du Golfe du Morbihan* in einem Saal ist der Austern- und Muschelzucht und Fischfang gewidmet. *Sommer tgl. 10–18, sonst tgl. außer So vorm. und Di 13.30–18 Uhr, place St-Pierre*

Musée de Vannes Château Gaillard

Viel Wissenswertes über die Steinreihen von Carnac, Dolmen und andere Megalithdenkmäler wird anhand der reichen Funde und Dokumentationen dem Publikum nahe gebracht. Fundstücke aus anderen Epochen und Regionen runden die Sammlungen ab. *2, rue Noë, Sommer 10–18, sonst 14–18 Uhr*

ESSEN & TRINKEN

Crêperie des Remparts

Gemütliche Crêperie in der Altstadt. *18, rue Vierges, Tel. 02 97 54 26 09, Mi geschl.,* €

Morgate
Regionale Küche, gut zubereitet und preiswert. *21, rue Fontaine, Tel. 02 97 42 42 39, Mo geschl., €–€€*

Insider Tipp **Le Pressoir**
Die Einheimischen kennen keine bessere Adresse. Angebot und Qualität sind überdurchschnittlich, nicht so die Preise. *5 km nördlich in St-Avé, 7, rue de l'Hôpital, Tel. 02 97 60 87 63, So abends und Mo/Di geschl., €€–€€€*

Régis Mahé
Auf Meerblick verzichtet man hier gern – die Küche vermag es, selbst verwöhnte Gaumen zu begeistern. *Place de la gare, Tel. 02 97 42 61 41, So/Mo geschl., €€*

EINKAUFEN

Die Antiquitäten- bzw. Souvenirjagd lohnt sich. Zwei gute Adressen sind *Amélie, 21, rue des Halles,* und *Les Aristos Broc's, 7, rue des clos-madeuc.* Suchen Sie Maritimes wie Schiffsmodelle, Navigationsinstrumente, einschlägige Antiquitäten, ist *Clipper, 16, rue St-Salomon,* die richtige Adresse.

ÜBERNACHTEN

Inter Hôtel Manche Océan
Nördlich der Altstadt, adrett und komfortabel. Garage, kein Restaurant. *41 Zi., 31, rue Lieutenant-Colonel Maury, Tel. 02 97 47 26 46, Fax 02 97 47 30 86, www.manche-ocean.com, €–€€*

La Marébaudière
Anheimelndes Hotel am östlichen Stadtrand. Garten, Restaurant Marée Bleue. *41 Zi., 4, rue A. Briand, Tel. 02 97 47 34 29, Fax 02 97 54 14 11, www.marebaudiere.com, €€*

Mercure Vannes Aquarium
Moderner Rundbau, 48 komfortable Zimmer mit Blick auf den Golf. *Parc du Golfe, route Conleau, Tel. 02 97 40 44 52, Fax 02 97 63 03 20, www.mercure.com, €€–€€€*

AM ABEND

Diskoclub *L'Atlantide* (Le Clara und Club 25), *route de Ste-Anne-d'Auray; Le Master, Parc du Golfe,* mit Billard, Bowling, Bar

AUSKUNFT

Office de Tourisme
1, rue Thiers, 56000 Vannes, Tel. 02 97 47 24 34, Fax 02 97 47 29 49, www.pays-de-vannes.com/tourisme

ZIELE IN DER UMGEBUNG

Île d'Arz **[118 C4]**
★ Zu der 3,5 km langen Insel im Golf von Morbihan kommt man per Boot von Conleau. Hier haben sich viele pensionierte Seeleute niedergelassen, weswegen man die Île d'Arz auch »Kapitänsinsel« nennt. Es gibt schöne Strände, einige Megalithdenkmäler, ein Wassersportzentrum und eine Austernzucht. Ein Vergnügen ist der Spaziergang rund um die Insel auf dem Küstenpfad; dabei entdecken Sie versteckte, kleine Buchten, alte Herrenhäuser und Mühlen. Hinreißend ist der Blick auf den Golf von der *Pointe de Liouse,* der *Pointe Bélure* oder der *Pointe de Billihervé* auf einer Halbinsel, zu der ein Pfad durch ehemalige Salzgärten führt.

Auray **[118 B3]**
Die alte Stadt (10 000 Ew.) liegt 17 km westlich von Vannes an einer Schleife des *Rivière d'Auray,* der mit dem Golfe du Morbihan verbunden ist. Ein schöner Blick auf die Stadt und das Hafenviertel St-Goustan bietet sich Ihnen von der *Höhenpromenade,* die über eine alte Steinbrücke zu erreichen ist. An lauen Sommerabenden sind die Restaurants und Bars im pittoresken, kleinen Hafen von St-Goustan bis auf den letzten Platz besetzt. Im Stadtzentrum steht die Kirche *St-Gildas* aus dem 17. Jh. mit einer sehr schönen Altartafel.

6 km südöstlich von Auray, in *Bono,* liegt in einer Abtei aus dem 14. Jh. das sehr empfehlenswerte Restaurant *Hostellerie Abbatiale, Tel. 02 97 57 84 00, €–€€.*

Château du Plessis-Josso **[118 C3]**
Das 1330 von einem Schildknappen des Herzogs Jean III. erbaute und im 15. Jh. erweiterte Herrenhaus liegt in einem schönen Park 15 km südöstlich von Vannes. Interessant ist die Innenbesichtigung des Schlosses. *Führung im Sommer nachmittags*

Château de Suscinio **[118 C4]**
Die von Wassergräben eingefasste Burg aus dem 13. Jh., einst bevorzugte Sommerresidenz der bretonischen Herzöge, liegt am Meer auf der Halbinsel Rhuys, 22 km südlich von Vannes. Während der Revolution wurde die Burg stark zerstört. Sechs Türme sind jedoch erhalten geblieben, darunter die *Tour Neuve* aus dem 15. Jh. *Sommer tgl. außer Mi vormittags und Di 9–12 und 14–19 Uhr.* Im nahe gelegenen Städtchen *Sarzeau* sind schöne Renaissancehäuser erhalten. Hier wurde im Jahr 1668 der Dichter des »Gil Blas«, Alain-René Lesage, geboren.

Conleau **[118 C3]**
Die 5 km südlich gelegene Halbinsel mit dem gleichnamigen kleinen Hafen, von dem man zur *Île d'Arz* übersetzen kann, hat einen schönen Strand.

Forteresse d'Argoët **[118 C3]**
Beeindruckende Ruinen einer Festung, auch *Tours d'Elven* genannt. Der Bergfried ist mit 44 m Höhe der höchste in Frankreich. Die Burg 15 km nordöstlich von Vannes war im Besitz des Marschalls de Rieux, Ratgeber des bretonischen Herzogs François II. Sie wurde 1488 von Karl VII. von Frankreich geschleift. *Im Sommer finden Son-et-Lumière-Aufführungen zur Artussage statt. Juni–Sept. tgl. 10.30–12.30 und 14–18 Uhr. Führungen werden ebenfalls angeboten.*

La Gacilly **[119 E3]**
Ein paradiesisches Fleckchen ist in dem Städtchen 55 km nordöstlich von Vannes *Le Végétarium* von Yves Rocher. Der Kosmetikfabrikant hat in seinem Geburtsort dieses einzigartige Museum der Pflanzenwelt geschaffen, das alle Facetten der Botanik, vom Regenwald bis zur Wüste, widerspiegelt, ergänzt durch interaktive Spiele und audiovisuelle Vorführungen. Weitere Attraktionen sind der botanische Garten und die Kosmetikfabrik, in der die weltbekannten Schönheitsprodukte kreiert werden. *Tgl. Mitte Juni–Mitte Sept. 14–18, Juli/Aug. 10.30–19 Uhr*

Insider Tipp

Guéhenno **[118 C2]**
Im Friedhof des 40 km nördlich von Vannes gelegenen Orts erhebt sich der einzige Calvaire des Morbihan. Er stammt von 1550, wurde im 19. Jh. restauriert und lohnt wegen seiner beispielhaften Komposition einen Besuch.

Josselin **[119 D2]**
★ Wegen des stolzen *Château Rohan* in malerischer Lage am Fluss Oust ist das Städtchen 55 km nordöstlich von Vannes (2800 Ew.) unbedingt einen Besuch wert. Da das Schloss noch immer von der Familie Rohan bewohnt wird, ist nur das Erdgeschoss zu besichtigen. Besonders beeindruckend ist der Innenhof (1490–1505) mit reich verzierten Fenstern im Flamboyantstil. Die Rohan waren eines der mächtigsten Geschlechter Frankreichs. Olivier de Clisson, ruhmreicher Feldherr unter den Königen Karl V. und Karl VI., hatte das Schloss 1370 gekauft. Er heiratete Marguerite de Rohan. Herzog Heinrich II. von Rohan führte später die Hugenotten gegen Richelieu. 1629 ließ der Kardinal das Schloss zerstören – nur vier der neun Türme blieben stehen. Süffisant teilte Kardinal Richelieu dem Herzog mit: »Ich habe eine Kugel in Euer Kegelspiel geworfen!«

In den alten Stallungen ist ein einzigartiges *Puppenmuseum* mit rund 500 Puppen in historischen Gewändern untergebracht. *Schlossführungen und Puppenmuseum Sommer tgl. 10–18, April, Mai und Okt. Mi, Sa und So 14–18 Uhr*

Île aux Moines **[118 B4]**
Die Insel der Mönche ist ein wahres Sommerparadies: Fünf Minuten dauert die Überfahrt von Port-

Noch heute im Familienbesitz ist das stolze Rohan-Schloss Josselin

Blanc, dann umweht Sie schon der Duft von Pinienharz und Heckenrosen. Früher war die Île aux Moines wie die Nachbarinsel Arz eine Insel der Kapitäne, ihre Dreimaster lagen dicht an dicht vor der Grande Plage auf Reede. Auch hier sind die eigenen Beine oder das Fahrrad das gegebene Fortbewegungsmittel, um verwunschene Kapellen, die Ruinen alter Mühlen, die Reste von Megalithen und ruhige Strände zu entdecken.

Ploërmel **[119 D2]**
Das Städtchen 45 km nordöstlich von Vannes (7300 Ew.) war eine der Residenzen der bretonischen Herzöge und besitzt etliche schöne alte Häuser (Rue Beaumanoir). Das »Affenhaus«, die *Maison des Marmousets* (Nr. 7) von 1585, ist reich mit Holzschnitzereien geschmückt. Gegenüber liegt das ehemalige Haus der bretonischen Herzöge. Einen Besuch lohnt auch die *Kirche St-Armel* wegen des schönen Nordportals und prachtvoller Glasfenster aus dem 16./17. Jh.

Questembert **[119 D3]**
Ein typisches Landstädtchen, 27 km östlich von Vannes, wie es viele gibt im grünen Hinterland der Bretagne. Um die alte Markthalle mit prächtigem Gebälk scharen sich jahrhundertealte Granithäuser mit schön skulptierten Frontgiebeln. Vor allem aber ist der Ort ein Pilgerziel für Gourmets: Hier liegt das Restaurant von Georges Paineau, dem großen bretonischen Sternekoch, der auch noch toll malt. *Le Bretagne, 13, rue St-Michel, Tel. 02 97 26 11 12, Mo abends geschl. (außer Juli/Aug., dann Di mittags geschl.),* €€€

Redon **[119 E4]**
In der 65 km östlich von Vannes gelegenen Stadt (10 500 Ew.) ist besonders die Altstadt mit schönen Häusern aus der Zeit vom 15. bis zum 18. Jh. in der Grande Rue und am Quai St-Jacques sehenswert. Auch die eindrucksvolle *Kirche St-Sauveur,* die einst zu einer bedeutenden Benediktinerabtei gehörte und einen interessanten romanischen Vierungsturm hat, ist einen Besuch wert.

Rochefort-en-Terre **[119 D3]** Insider Tipp
Als Schmuckkästchen präsentiert sich der malerisch auf einem Felsen gelegene Ort 35 km östlich von Vannes (600 Ew.) mit seinen alten Häusern, den Resten des *Château de Rochefort (Sommer tgl. 10 bis 18.30, Juni und Sept. 10–12 und 14–18.30 Uhr)* und der *Kirche Notre-Dame-de-la-Tronchaye.* Im Innern Renaissancealtar mit schönen bemalten Holzstatuen

Saint-Avé **[118 C3]**
In dem Vorort von Vannes steht die sehenswerte *Kapelle Notre-Dame-du-Loc* (15. Jh.), u. a. mit einem außergewöhnlichen Dachstuhl, Figurenkreuz im Schiff und alten Statuen. *Tgl. 9–12 und 14–18 Uhr*

Sainte-Anne-d'Auray **[118 B3]**
Der bedeutende Wallfahrtsort 15 km westlich von Vannes ist mehrmals im Jahr Ziel der Gläubigen, vor allem natürlich zum Pardon der heiligen Anne am 25. und 26. Juli: Die zwischen 1866 und 1872 entstandene Basilika birgt nämlich die Reliquien der Heiligen. Sehenswert sind die Sammlungen im *Musée du Costume Breton, tgl. 10–17 Uhr.*

Entdeckungen im »Land am Meer«

Die Touren sind in der Karte auf dem hinteren Umschlag und im Reiseatlas ab Seite 114 grün markiert

1 PRÄCHTIGE KÜSTE: ENTLANG DER CÔTES D´ARMOR

Die Route entlang der Côtes d'Armor ist gespickt mit herrlichen Plätzen: Vom Abstecher zum überirdisch schönen Mont-St-Michel über die stolze Korsarenstadt St-Malo, das Felsenkap Fréhel, über Paimpol, die Stadt der Islandfahrer, und die vorgelagerten Inseln bis zur Côte de Granit Rose fährt man von Höhepunkt zu Höhepunkt. Für die rund 380 km sollten Sie sich Zeit nehmen, eine Woche ist das Minimum für diese einmalig schöne Küstenstrecke.

Als die Bretagne noch ein selbstständiges Herzogtum war, bewachte *Fougères (S. 31)* mit seiner gewaltigen Burg die Grenze zum Königreich Frankreich. Von hier fahren Sie auf der D 155 Richtung St-Malo. Ein Abstecher nach Norden bringt Sie zum *Mont-St-Michel (S. 37)*. Hoffen wir, dass die Hauptsaison noch nicht angefangen hat oder schon wieder vorbei ist, denn sonst muss man damit rechnen, dass man sich mit anderen Besuchern auf die Füße tritt.

Von Mont-St-Michel fahren Sie an der Küste nach *Cancale (S. 35)*. Die riesige Baie ist ein Austernparadies und Cancale die Hochburg. Liebhaber der Schaltiere können hier nach Herzenslust schlemmen; in der *Ferme Marine* eines großen Austernbetriebs liegt das *Musée de l'Huître et du Coquillage*. Von Cancale lohnt sich der Abstecher nördlich zur 40 m hohen Pointe du Grouin mit großartigem Fernblick. Auf schöner Küstenstrecke geht's weiter nach *St-Malo (S. 32)*.

Nach dem Besuch der nüchterngrauen Korsarenstadt wirkt *Dinard (S. 36)*, die nächste Station, fast zuckerbäckerhaft verspielt mit seinen Villen der Belle Époque. Auch die Küste weiter westlich ist mondän und wunderschön. Bei St-Lunaire blickt man von der Pointe du Décollé auf die im Meer verstreuten Inselchen und Felsenriffe. Landeinwärts liegen das größte Gezeitenkraftwerk der Welt, die *Usine Marémotrice de la Rance (S. 37)* und das mittelalterliche Juwel *Dinan (S. 39)*, das trotzdem eine quicklebendige Stadt unserer Zeit ist. Über

Dünen, Sand und Meer: Pléhérel-Plage an der Côte d'Émeraude

St-Jacut-de-la-Mer und *St-Cast-le-Guildo (S. 42)* setzen Sie die Fahrt an der Küste fort. Höchst romantisch ist auf dem Weg zum Cap Fréhel die Trutzburg *Fort La Latte (S. 42)* auf hohem Fels über der Brandung platziert. Am *Cap Fréhel (S. 39)* leben viele Seevogelarten, darunter Kormorane, die man bei ihrem Flug dicht über der Brandung beobachten kann. Westwärts reihen sich an der Côte d'Émeraude schöne Badeplätze aneinander: *Pléhérel-Plage, Sables d'Or-les-Pins, Erquy (S. 50), Pléneuf-Val-André (S. 51) …*

Ein Etappenziel ist *St-Brieuc (S. 47);* Pferdeliebhaber werden das nahe Gestüt in *Lamballe (S. 50)* besuchen. Die Route geht weiter über die Badeorte Binic und *St-Quay-Portrieux (S. 51)* nach *Paimpol (S. 51).* Das Hafenstädtchen ist Ausgangspunkt für Fahrten zur *Île de Bréhat (S. 49),* einem kleinem Paradies, von dem Autos verbannt sind und in dem Blumen und Vögel um so vielfältiger gedeihen. Da ist ein Leihfahrrad das adäquate Fortbewegungsmittel.

Ein anderer schöner Abstecher bringt Sie bei der Weiterfahrt von Paimpol über Lézardrieux und die südlich abzweigende D 787 zum *Château de la Roche-Jagu,* das im Jahr 1405 erbaut wurde. Die prächtige Anlage, halb Herrenhaus, halb Festung, liegt auf hohem Fels am linken Ufer des fjordartigen Meereseinschnitts Trieux. Den Sommer über werden im Schloss Ausstellungen gezeigt.

Insider Tipp

Letzter phantastischer Höhepunkt der Route ist die Côte de Granit Rose, wo der liebe Gott wie spielerisch das Ufer mit riesigen, roten Felsbrocken garniert hat. Die Strecke ist nicht lang: 20 km zwischen *Perros-Guirec (S. 43)* und *Trébeurden (S. 46),* aber jeder Kilometer ist ein ästhetischer Hochgenuss.

Gegen den Wind: Überfahrt von Paimpol zur Île de Bréhat

2 ZU KAPS UND LEUCHTTÜRMEN IM FINISTÈRE

Die Fahrt durchs Finistère beginnt in Morlaix und endet in Quimper. Für die rund 450 km lange Strecke sollten Sie mit fünf bis sechs Tagen rechnen, es sei denn, Sie lassen es sich nicht nehmen, auch die letzten Vorposten der Bretagne, die Île d'Ouessant, Île de Molène oder Île de Seine, zu besuchen. Diese Route führt in den ursprünglichsten Teil des Landes, hier im äußersten Westen Frankreichs sind die bretonische Sprache und Kultur noch Bestandteil des täglichen Lebens.

Bevor diese Route auf die Küste stößt, bietet sich Gelegenheit, drei der besonders interessanten umfriedeten Kirchhöfe zu besuchen. Erste Station ist rund 20 km westlich von Morlaix *St-Thégonnec (S. 63)* mit seinem großartigen Calvaire. Nicht weniger bedeutende sind in *Guimiliau (S. 61)* und im nahe gelegenen *Lampaul-Guimiliau (S. 62)* zu sehen. Die Route geht von Landivisau weiter westwärts nach *Landerneau (S. 58)*. Ein Stopp ist in La Roche-Maurice angezeigt; neben der Kirche steht ein berühmter *ossuaire* (Beinhaus) von 1640 mit einer Skulptur von »Ankou«, dem Tod.

Auf der Weiterfahrt nach Brest biegen Sie kurz vor der Stadt hinter Guipavas auf die D 67 und die D 13 nach Lannilis ab. Eine Besonderheit des Küstenabschnitts hier in der Nordwestecke des Finistère sind die Abers, tiefe, fjordartige Flussmündungen wie der *Aber-Wrac'h (S. 56)*. Die Küste heißt Côte des Légendes und ist wegen der Gefahren für die Schifffahrt mit nicht weniger als 17 Leuchttürmen zu Land und 13 auf Felsen im Meer bestückt. Man kann viele von ihnen auf der Route des Phares et Balises besuchen. Von Lannilis führt ein Abstecher zum nördlich auf einer Insel gelegenen Phare de la Vierge *(Juli, Aug. tgl. 11–12 und 15–18 Uhr)*, dem mit 82,5 m höchstem Leuchtturm Frankreichs. Zurück in Lannilis fahren Sie über Ploudalmézeau nach Portsall. Besonders schön ist die Küstenstrecke ab Kersaint: eine echte Corniche, atemberaubend in die steile Felsenküste gesprengt. Am Ortsausgang von Kersaint stehen die Ruinen des Château de Trémazan, auf riskante Kletterpartien sollte man hier aber lieber verzichten. Stattdessen könnten Sie in den kleinen Badeorten Landunvez, Argenton oder Porspoder mit ihren weißen Pudersandstränden eine Badepause einlegen. Die Route stößt wenige Kilometer südlich auf den Aber-Ildut. Über Lanildut und Plouarzel fahren Sie weiter zum Phare de Trézien und genießen den Blick von der Pointe de Corsen. *Le Conquet (S. 56)* und die Pointe St-Mathieu sind weitere Höhepunkte, ehe Sie *Brest (S. 53)* erreichen. Die Stadt, obwohl nicht gerade malerisch, hat viel zu bieten. Zumindest eine Übernachtung wäre hier einzuplanen.

Die Route geht dann über *Plougastel-Daoulas (S. 59)* und *Daoulas (S. 57)* zur schönen Halbinsel *Crozon (S. 56)*. *Camaret (S. 57)* lohnt einen längeren Aufenthalt. Von hier kann man eine schöne Wanderung zur Pointe de Penhir mit den bizarren Felsinselchen Tas de Pois (Erbsenhaufen) machen. Am Kap erhebt sich ein

Am Ziel der Tour verlockt die schöne Altstadt von Quimper zum Bummeln

Denkmal der bretonischen Kämpfer des »freien Frankreich« im Zweiten Weltkrieg. Von hier haben Sie eine prächtige Fernsicht über das Meer und die Küste. Ein schöner Küstenpfad führt links vom Denkmal den Felsen hinunter.

Bei der Weiterfahrt Richtung Douarnenez sollten Sie nicht versäumen, zum *Ménez-Hom (S. 58)* hinauf zu fahren und das Panorama vom zweithöchsten Berg der Bretagne zu genießen. *Douarnenez (S. 67)* liegt auf dem Weg zur *Pointe du Raz (S. 68)*, die kein Besucher des Finistère auslassen möchte. Es gibt auf der Halbinsel aber andere schöne Plätze, wenn man den Rummel meiden will. Dazu gehört die Pointe du Van oder das Vogelreservat Cap Sizun an der Nordküste bei Goulien *(Info im Sommer tgl. 10–18 Uhr)*. Wenn Sie sich für diesen Teil des Finistère etwas mehr Zeit nehmen wollen, ist als Etappe *Audierne (S. 65)* sehr zu empfehlen, und hier besonders das Hotelrestaurant *Le Goyen, 24 Zi., place Jean-Simon, Tel. 02 98 70 08 88, Fax 02 98 70 18 77, €€–€€€*. Insider Tipp Hier isst man ausgezeichnet, vor allem natürlich Meeresfrüchte, z. B. die selbst gezüchteten Austern und Hummer, und wohnt sehr schön in hübschen Zimmern mit Blick auf den Fischereihafen. Von Audierne, wo man außerdem zur *Île de Sein (S. 69)* übersetzen kann, fahren Sie über Plouhinec auf D 784 und D 2 südwärts zur Halbinsel Penmarc'h. In der wilden Einsamkeit der Dünenlandschaft stehen Calvaire und Kapelle von *Tronoën (S. 66)*. Kurz darauf erreichen Sie die Pointe de Penmarc'h mit dem über hundert Jahre alten Phare d'Eckmühl. Es ist die letzte Gelegenheit, von der Höhe eines Leuchtturms über Felsenkaps und Brandung Ausschau zu halten, ehe Sie zum Endpunkt der Route, *Quimper (S. 63)*, fahren.

3 STEINKREISE UND STRÄNDE

Die bretonische Südküste lockt mit einem milden Klima, herrlichen Stränden, malerischen Hafenstädten und Dörfern. Die Route beginnt in Concarneau und verläuft an der Küste über Pont-Aven, wo Gauguin und seine Kollegen eine Künstlerkolonie gründeten, über die Städte Quimperlé und Lorient zur Halbinsel Quiberon und endet in Vannes. Sie ist rund 220 km lang; wenn man Ausflüge zur Belle-Île und im Golfe du Morbihan unternimmt, ist man leicht eine Woche unterwegs.

Bei der Abfahrt von *Concarneau (S. 66)* Richtung Quimperlé sollten Sie gleich südlich der Stadt den Abstecher zur Pointe du Cabellou machen, von wo sich nicht nur ein schöner Blick auf Concarneau bietet, sondern bei der Fahrt um die Halbinsel auch auf die vorgelagerten *Îles de Glénan (S. 67)*. Die Fahrt geht an der Küste weiter über Trégunc nach *Pont-Aven (S. 68)*, das ganz im Zeichen Paul Gauguins und seiner Künstlerkollegen steht. Nach Quimperlé sollten Sie nicht die D 783 nehmen, sondern die südlich verlaufende, schönere D 24. Sie überquert die breite Flussmündung des Bélon. Der gleichnamige Ort ist berühmt für seine Austernzucht. Östlich des Orts Clohars-Carnoët stoßen Sie auf die D 49, die in nördlicher Richtung durch den Forêt de Carhoët nach *Quimperlé (S. 69)* führt.

Von Quimperlé geht es auf einer schönen Küstenstraße über Guidel und Larmor nach *Lorient (S. 71)*. Besonders hoch her gehts in Lorient, wenn im August das berühmte Festival Interceltique gefeiert wird. Es lohnt sich, hier eine Übernachtung einzuplanen, besonders wenn man einen Ausflug zur *Île de Groix (S. 74)* und nach *Port-Louis (S. 74)* machen will.

Nächstes Ziel ist *Carnac (S. 78)*, ein viel besuchter Badeort, dessen größte Attraktion aber nicht der Strand, sondern die rund 3000 Megalithen sind. Mit umfangreichen und langwierigen Arbeiten (Einzäunungen der Alignements, Einrichtungen für die Besucher etc.) soll verhindert werden, dass Boden und Vegetation irreparable Schäden durch die Besucher erleiden.

Eine Landenge führt bei Carnac zur Halbinsel *Quiberon (S. 75)*. Statt direkt zum Hauptort zu fahren, sollten Sie die Straße an der Westküste, der felsigen Côte Sauvage, nehmen. Zum Baden empfiehlt sich dagegen die Ostküste mit ihren langen Sandstränden. Einmal in Quiberon, sollten Sie nicht versäumen, mit dem Boot zu einem Tagesausflug zur *Belle-Île (S. 77)* überzusetzen. Im Hochsommer ist Belle-Île natürlich stark besucht; da bieten sich als Alternativen die beiden Nachbarn *Île de Houat (S. 79)* und *Île de Hoëdic (S. 79)* an, zwei Eilande, die auch Robinson Crusoe gefallen hätten.

Zurück auf dem Festland, geht es über Carnac-Plage und *La Trinité-sur-Mer (S. 80)* nach *Auray* und *Vannes (S. 80)*. Die schöne alte Stadt ist Endpunkt dieser Route, aber mit dem Golfe du Morbihan und den Zielen der Umgebung kann sie auch Ausgangspunkt für Streifzüge in einem Teil der Bretagne sein, der einen ganzen Urlaub wert ist.

UP
TRICE BELBEOCH
EUROPA

Sportlicher Spaß zu Wasser und zu Lande

Natürlich können Sie auch nur am Strand faulenzen. Das wäre aber schade, denn kaum eine andere Region Frankreichs animiert mehr zu sportlichen Aktivitäten

Es ist in der Tat erstaunlich, wie groß und gut organisiert das sportliche Angebot in der Bretagne ist. Besonders die Freunde und Anhänger des Wassersports kommen hier auf ihre Kosten, sei es Segeln, Surfen, Tauchen oder – ausgefallener – mit dem Speedsail über den Strand zu flitzen oder beim Kitesurfen über die Wellen zu reiten. Kaum geringere Sensationen bescheren Küsten- oder Radwanderungen, nach dem Motto: *chacun à son goût.*

ANGELN

Für das Meeresangeln ist die Bretagne ein ideales Revier, sei es vom Felsen oder vom Boot aus. Man benötigt keine Angelerlaubnis, erkundige sich aber vor Ort nach eventuell geltenden Einschränkungen. In den Sommermonaten starten in vielen Küstenorten Boote zu Angelfahrten aufs Meer. Das Angeln in Flüssen und Seen ist dagegen streng geregelt. *Auskunft erteilen die lokalen Offices de Tourisme, www.tourismebretagne.com*

Windsurfer im Golf von Morbihan

GOLF

In der Bretagne gibt es 32 Plätze. Die meisten liegen an oder nahe der Küste wie, z. B. der sehr schöne *Ploemeur Océan* bei Lorient, 18 Loch, Greenfee je nach Saison 30 bis 44 Euro pro Woche. Die *Broschüre Golf en Bretagne* listet alle Plätze auf *(Bretagne INFOS, 1, rue Raoul Ponchon, 35069 Rennes).*

KANU & KAJAK

Zahlreich sind die Kanu- und Kajakclubs, die Trips entlang der wilden bretonischen Felsküste mit ihren Klippen und schroffen Inseln veranstalten. Beispiel: Die *Station Voile Perros Guirec, 21, place Hôtel de Ville, 22700 Perros-Guirec, Tel. 02 96 23 21 15, info@perros-guirec.com,* bietet eine zweitägige geführte Kajakwanderung entlang der Côte de Granit Rose einschließlich Hotelübernachtung mit Halbpension ab 167 Euro. *Weitere Auskunft: Nautisme en Bretagne, 1, rue de Kerbriant, 29281 Brest Cedex, point-kayak-mer@wanadoo.fr,* und *Comité régional de Bretagne de Canoe Kayak, Base nautique de la Plaine de Baud, 35, rue J. M. Huchet,*

Insider Tipp

3500 Rennes, Tel. 02 23 20 30 14, www.crbck.dhs.org

PARAGLIDING

Die Bretagne hat keine hohen Berge. Trotzdem kann man hier sehr schön diesen Sport ausüben – am 330 m hohen Menez Hom in Finistère. Der Berg bietet eine phantastische Fernsicht über die Halbinsel Crozon, die Bucht von Douarnenez bis zur Pointe du Van und die Meerenge von Brest. Besonders für Anfänger zu empfehlen. Pro Stunde rund 25 Euro. *Auskunft: École de parapente des Club Celtic de vol libre, 29550 Plomodiern, Tel. 02 98 81 50 27, www.vol-libre-menez-hom.ifrance, www.ffvl.fr*

RAD & MOUNTAINBIKE

Die Bretagne ist durchzogen von markierten Radwanderwegen. An sieben *Sites VTT/FFC* (Plätze der französischen Radverbände) starten Touren in die schönsten Gegenden. Die Distanzen liegen zwischen 100 und 400 km. Beispiel: Site VTT/FFC de Cournouaille, 400 km, unterteilt in 40 Strecken unterschiedlicher Schwierigkeitsgrade, von familienfreundlich auf dem ehemaligen Gleis der Bahn von Rosporden ins Innere der Bretagne bis sportlich auf holprigen Pfaden in der felsigen Küstenlandschaft. *Auskunft: L'espace VTT de Cournouaille, Tel. 02 98 39 47 00, Fax 02 98 39 50 89, www.cornouaille.com,* und *Ligue régionale de cyclotourisme/VTT, Espace Vélodrome, rue Alphonse Guérin, 3500 Rennes, Tel./Fax 02 99 36 38 11*

REITEN

Ob an der Küste oder im Binnenland: Für Ferien im Sattel ist die Bretagne ideal. Die Organisation *Equibreizh* unterhält rund 2000 km markierte Reitwege. Bei Wanderritten stehen alle 25 bis 30 km Unterkünfte bereit (Hotels, Bauernbetten, Campingplätze), sodass für Ross und Reiter gesorgt ist. Bei Ritten auf eigene Faust sind die *Topo-*

Die Wege sind holprig, aber die Aussicht entschädigt dafür

guides im Maßstab 1:50 000 mit Adressen für Unterkunft, Hufschmiede und Transport der Pferde unentbehrlich. Den *Topoguide* versendet gegen 18,90 Euro *Le Comité régional du tourisme équestre de Bretagne, 27, rue Laennec, 29710 Ploneis, Tel. 02 98 91 02 02.* Geführte Ritte bucht man bei den *Centres équestre;* eine komplette Liste erhalten Sie bei *Le comité régional d'Equitation de Bretagne, 5 bis, rue Waldeck Rousseau, 56103 Lorient Cedex, Tel. 02 97 84 44 00.*

SEGELN & WINDSURFEN

Mit ihrer zerklüfteten und inselreichen Küste hat die Bretagne das schönste Segelrevier Frankreichs. Das gilt auch fürs Windsurfen und Surfen. In jedem Badeort finden sich entsprechende Schulen und Leihstationen, wo man vom Surfbrett bis zum Segelboot oder Katamaran jedes Gerät bekommt. Die große Zahl der *Centres nautiques, Écoles de Voile, Clubs nautiques* und berühmter Seglerpersönlichkeiten belegen, dass die Bretagne die Urheimat des französischen Segelsports ist. *Auskunft: Ligue Bretagne de Voile, 1, rue de Kerbriant, 29281 Brest Cedex, Tel. 02 98 02 49 67, www.asso.ffv.fr/ligue-bretagne*

SPEEDSAIL

Bei Ebbe sind die endlosen, festen Sandstrände ideale Pisten fürs Strandsegeln. Die schnittigen Gefährte erreichen dabei Geschwindigkeiten bis zu 100 km/h. Eine Variante ist der *char à cerf volant,* der von einem Drachen gezogene Strandwagen. Sowohl an der Nord- wie an der Südküste gibt es entsprechende Clubs. An der Côte de Penthièvre findet sich die *Station Voile Pleneuf-Val-André, rue du Corps de Garde, 22370 Pleneuf, Tel. 02 96 72 95 28, cnpva@aol.com.* Ab 158 Euro bietet sie eine Fahrt mit dem Strandsegler und zwei Nächte Halbpension im Hotel. *Weitere Auskunft: Ligue de Bretagne de Char à Voile, Kervily, 56330 Ploumoguer, Tel. 02 97 24 91 03*

TAUCHEN

Sporttaucher sind von den Tauchrevieren der Bretagne mit ihrer abwechslungsreichen Unterwasserwelt begeistert. Besonders attraktiv sind die Côtes d'Armor und Finistère, hier sind alle sechs Tauchzentren stationiert, z. B. *Centre d'Activités Plongée, 54, Corniche de Goas Trez, 22560 Trebeurden, Tel. 02 96 23 66 71, infoca@plongeecap.com, Club Leo Lagrange, 2, rue du Stade, Tel. 02 98 27 90 49, club.leolagrange@wanadoo.fr, Les Plongeurs du Cap, Port de Plaisance Ste-Evette, Esquibien, 29770 Audierne, Tel. 02 98 70 24 10, loic.hascoet@audierne-plongee.net*

WANDERN

Die schönsten Wanderwege sind die *Sentiers des Douaniers,* die Zöllnerpfade entlang der bretonischen Küste. Früher waren hier Hunderte von Zöllnern unterwegs, um Schmugglern und Strandräubern das Handwerk zu legen. Besonders lohnend sind kürzere Wanderungen von den Orten an der Nordküste aus. *Auskunft: Randobreizh, 1, rue Raoul Ponchon, 35000 Rennes, Tel. 02 99 27 03 20, info@randobreizh.com*

In der Heimat von Asterix und Obelix

Ob exotische Tiere, Meeresgeheimnisse, Wasserspiele oder Technikwunder – für Kinder gibts viel Neues im Land der Hinkelsteine

Zu langweilen braucht sich der Nachwuchs also nicht. Dass sich das Dorf der klassischen Helden tatsächlich findet (unter Village gaulois), wird kleine und große Kinder natürlich freuen. Davon abgesehen ist die Qual der Wahl groß. Hier eine Auswahl der Attraktionen.

ILLE-ET-VILAINE

Château de Comper-en-Brocéliande [119 E2]

In die Sagenwelt des Königs Artus und der alten Kelten entführt das *Centre Arthurien* am Ufer des Sees, in dessen Wasser sich die schöne Fee Viviane spiegelte. Nordöstlich vom Schloss liegen das Grab des Zauberers Merlin und die *Fontaine de Juvence. Concoret, Château de Comper, glot@club-internet.fr, Ende März–Mitte Okt. tgl. außer Di und Mi 10–17.30, Sommer tgl. außer Mi 10–19 Uhr*

Cobac-Parc [117 D6]

Hier wird jede Menge Spaß und Abwechslung geboten: Baden im geheizten Pool, Schussfahrt auf der Wasserrutsche *Rapido,* eine Tour mit dem Pony-Express oder dem Karussel von 1900, balancieren auf Seilbrücken und vieles mehr. *Lanhelin, www.cobac-parc.fr, tgl. Juni–Anfang Sept. 10–18 Uhr, Eintritt 10,80 Euro, Kinder bis 3 Jahre frei*

Perros-Guirec, Mädchen in lokaler Tracht

Ferme du Monde [119 E3]

In dieser bretonischen Arche Noah leben Tiere von fünf Kontinenten, vom peruanischen Alpaka über das nordafrikanische Dromedar, den tibetanischen Yak bis zum indischen Zebu. Im Kinderzoo darf gestreichelt werden, und im Minidorf ist die Bretagne von einst verewigt. *Carentoir, www.lafermedumonde.com, April–Mitte Nov. tgl. 9–19 Uhr, Erwachsene 7 Euro, Schüler/Studenten 4 Euro, Kinder bis 6 Jahre frei*

Mégalithes de Monteneuf [119 E3]

Wie die mächtigen Steinkolosse der Bretagne, die Menhire, in grauer Vorzeit mit primitiven Gerätschaften her- und aufgestellt wurden, ist in diesem bedeutenden Megalithfeld eindrucksvoll zu erleben – wie auch Hausbau, Feuermachen, Töpfern u. a. vor 5000 Jahren. *Monteneuf, www.megalithesdemonteneuf.fr.st, ganzjährig geöffnet, Führungen März–Okt., Eintritt frei*

Parc de Préhistoire de Bretagne-Malansac [119 D3]
Plötzlich ragt ein gepanzerter Tyrannosaurus vor dir auf – keine Angst, das Fünfmetermonster ist zwar naturgetreu, aber unbeseelt. Das gilt auch für die anderen Dinosaurier, die sich hier tummeln. *Malansac, www.prehistoire-bretagne.com, April–Mitte Okt. tgl. 10–19 Uhr (letzter Eintritt 17 Uhr), Erwachsene 7,50 Euro, Kinder 3,80 Euro*

Parc Zoologique de la Bourbansais [117 D6]
Außer der Vielfalt exotischer Tiere erlebt man die hohe Kunst der Falknerei mit Freiflügen. Schlossbesichtigung, Spaß und Spiel, Rundfahrt im Minizug und Haschmich im Maislabyrinth sind weitere Attraktionen. *Pleuguenec, www.labourbansias.com, April–Sept. 10 bis 19, sonst 14–18 Uhr, Eintritt 11 Euro, Kinder 7,50 Euro*

Port Miniature de la Fôret de Villecartier [117 E6]
Auf einem See mitten im Wald kurven Frachtschiffe, Fähren, Schlepper en miniature, und jeder, der Lust hat, kann Kapitän spielen. *Gemeinde Antrain, www.chez.com/antrain, Juli/Aug. tgl. ab 11, Vor- und Nachsaison Sa/So ab 14 Uhr*

Zooloisirs [117 D6]
Wilde Tiere im Zoo, Abenteuerspielplatz, Wasserrutsche und ein Naturmuseum – Langeweile kommt da nicht auf. *Québriac, www.zooloisirs.com, tgl. Mitte März–Mitte Nov., Erwachsene ab 8 Euro, Kinder ab 6 Euro*

CÔTES D'ARMOR

Musée des Télécoms [115 E1]
Im Museum und unter der riesigen weißen Kuppel des Radôme entfaltet sich in Ton und Bild die Welt der Telekommunikation inklusive Internet. *Pleumeur-Bodou, www.leradome.com, Juli/Aug. tgl. 11–19, Vor- und Nachsaison bis 18 Uhr, Erwachsene 7 Euro, Kinder 5,50 Euro*

La Vapeur du Trieux [116 A4] Insider Tipp
Zwischen Paimpol und Pontrieux schnauft auf schöner Uferstrecke eine Dampflok zum Vergnügen von Groß und Klein. Unterwegs wird beim *Manoir Traou-nez* Halt gemacht und geschmaust und gefeiert. *Paimpol, www.vapeurdutrieux.com, Hin- und Rückfahrt 20 Euro, Reservierung erforderlich*

Village gaulois [116 A4]
Besuch bei Asterix und Obelix: In dem gallischen Dorf gehts immer hoch her. Da wird ein Lehmhaus gebaut, mit Bogen geschossen, ein Hinkelstein aufgestellt, der Zaubertrank angerührt. Wer will, kann mitmachen! *Cosmopolis, Pleumeur-Bodou, www.perso.wanadoo.fr/villagegaulois.bretagne/, Ostern bis Sept. tgl. 10–19, Nebensaison tgl. außer Sa 14–18 Uhr, Eintritt ab 3 (Kinder ab 2,50) Euro*

FINISTÈRE

L'Abeille vivante et la cité des fourmis [118 A1] Insider Tipp
Wie Bienen und Ameisen sich organisieren und arbeiten, ist hier aus

Auch Segeln können Kinder in der Bretagne lernen

nächster Nähe mitzuerleben. Bienenwaben in Flaschen, in Fernsehapparaten – das ist lustig! *Le Faouët, www.abeilles-et-fourmis.com, Ende März–Anfang Nov. 9–12 und 14–18, Juli/Aug. 10–19 Uhr, Erwachsene 5 Euro, Kinder 3,60 Euro*

Ferme Musée du Léon **[115 D2]**
Der kleine Bauernhof lässt eine Zeit lebendig werden, in der Mensch und Tier eng zusammenlebten. *Treflaouenan, Mai bis Sept. tgl. 10–12 und 14–19 Uhr, Juli/Aug. So besondere Vorführungen, Erwachsene 3 Euro, Kinder 1,50 Euro*

Musée du Loup **[115 D2]**
Auch in der Bretagne wurde der Wolf vor 100 Jahren ausgerottet. Unvergessen ist er deswegen aber nicht, wie das spannende Museum bezeugt. *Le Clôitre St-Thégonnec, Juli/Aug. tgl. 14–18, Sept.–Dez. So 14–18 Uhr, Erwachsene 3 Euro, Kinder 1,50 Euro*

MORBIHAN

Parc animalier et botanique de Branféré **[119 D4]**
Tiere aus aller Herren Länder, darunter der sehr seltene rote Panda. Tägliche Fütterung im Juli/August. *Parc de Branféré, Le Guerno, www.branfere.com, Mai–Aug. tgl. 10–19.30, Nebensaison bis 18.30 Uhr, Erwachsene 8,50 Euro, Kinder 5,50 Euro*

Univers du Poète Ferrailleur **[119 D2]** Insider Tipp
Verzauberung – es gibt kein anderes Wort für die Skulpturen, Maschinen, Automaten, die der »Schrottdichter« aus allerlei Abfall geschaffen und zu Leben erweckt hat. Ein »Haus der Umwelt« zeigt neue Wege auf, Wasser, Sonne und Wind zu nutzen. *Lizio, Ville Stefan, April–Okt. So 14–18, Mitte Juni–Mitte Sept. tgl. 14–19 Uhr, Erwachsene 5 Euro, Kinder 3,50 Euro*

Angesagt!

Was Sie wissen sollten über Trends, die Szene und Kuriositäten in der Bretagne

»Panique celtique«
Das ist der Titel einer CD der aktuellen Gruppe Manau, die damit eine scharfe Variante des bretonischen Rap liefert. Genau so aktuell sind aber auch Gruppen wie *Pevar Den* mit »Fest Noz« oder Darhaou mit dem Debutalbum »ar c'houat«. Sie vertreten die gerade auch bei der heutigen Jugend beliebte bretonische Tanzmusik, bei der Dudelsack und Pfeife die traditionellen Tänze begleiten.

Auferstehung des Dufflecoats
Bretonische Mode war immer sehr zweckmässig: Seemannspullover aus warmer Wolle, Matrosenblusen aus festem Tuch und Ölzeug in kräftigen Farben. Maritimer Look erfreut sich bei zugereisten Kunden großer Beliebtheit. Da wundert es nicht, dass ein Kleiderfabrikant in Hennebont den wetterfesten Dufflecoat wieder entdeckt hat, der besonders bei der Jugend der 1960er-Jahre als Statussymbol galt.

Wanderung für das Seelenheil
Die Bretagne ist das Land zahlloser Heiliger. Allein sieben an der Zahl sind es, die nach der Überlieferung als Begründer des Christentums in der Bretagne gelten. Zu ihren im ganzen Land verstreuten Gräbern pflegten seit dem 12. Jh. die Gläubigen zu wallfahren. Das war der *Tro Breizh,* die Tour oder Reise der Bretagne. Irgendwann vor langer Zeit geriet der Brauch, bei dem die Wallfahrer sich einen Platz im Paradies sichern wollten, außer Mode. Aber wie es oft mit alten Bräuchen geht: Heute ist der Tro Breizh ähnlich populär wie die Pardons, bei Gläubigen wie bei normalsterblichen Wanderfreunden. Und das nicht nur bei der älteren Generation, sondern gerade auch bei jungen Leuten.

Wellenspiel mit dem Drachen
Funboard und Drachen standen Pate bei der Geburt des Kitesurf. Das Surfen mit dem Drachen ist der letzte Schrei an den Stränden der Bretagne. Natürlich birgt es wie jeder Extremsport eine gehörige Portion Risiko. Deshalb geht es nicht ohne professionelle Anleitung und absolut sichere Ausrüstung. In der Bretagne lehren bereits acht Clubs das Kitesurfen.

Von Anreise bis Zoll

Hier finden Sie kurz gefasst die wichtigsten Adressen und Informationen für Ihre Bretagnereise

ANREISE

Auto

Auf dem schnellsten (kürzesten) Weg fährt man aus Deutschland, der Schweiz und Österreich über Paris in die Bretagne. Schöner und geruhsamer: von Süddeutschland und der Schweiz über Burgund (Auxerre) und durch das Loiretal!

Von Paris führt die Autobahn A 11/A81 nach Rennes (342 km); von dort geht es auf der Schnellstraße über St-Brieuc und Morlaix nach Brest. An die bretonische Südküste, nach Quiberon und zum Golf von Morbihan fährt man am besten auf der Autobahn A 11 von Paris über Le Mans, Angers, Nantes und weiter auf der N 165 bis Vannes bzw. Auray.

Bahn

Für Bahnreisende ist Paris in jedem Fall Zwischenstation. Von der Gare Montparnasse fährt der Schnellzug TGV (Train à Grande Vitesse, Sie müssen vorher reservieren) in etwas mehr als zwei Stunden nach Rennes. Von dort zweigt eine südliche Bahnstrecke nach Redon, Vannes, Lorient, Quimper und Brest sowie eine nördliche nach St-Brieuc, Morlaix und Brest ab. Saisonabhängig fahren Autoreisezüge von mehreren deutschen Städten nach Nantes.

Flugzeug

Von den meisten europäischen Flughäfen bestehen tägliche Verbindungen nach Paris-Charles de Gaulle. Für den Weiterflug müssen Sie quer durch die Stadt zum Flughafen Paris-Orly Ouest. Air Inter fliegt täglich nach Rennes, Quimper, Lorient und Brest; TAT nach Lannion ganzjährig, nach Vannes im Juli und August; BRIT Air fliegt täglich ganzjährig nach St-Brieuc.

AUSKUNFT

Maison de la France – Französische Fremdenverkehrbüros

Westendstraße 47, 60325 Frankfurt, Tel. 0190/57 00 25, Fax 75 21 87; Argentinierstraße 41 a, 1040 Wien, Tel. 01/503 28 90, Fax 503 28 71; Löwenstrasse 59, 8023 Zürich, Tel. 01/21 30 85, Fax 212 16 44. Internet: www.franceguide.com

AUTO

Die Benutzung der Autobahnen ist gebührenpflichtig. Für 100 km sind durchschnittlich 5 Euro zu zahlen. Sehr dicht und wenig befahren ist das Netz der Landstraßen, dagegen herrscht auf den meisten Nationalstraßen recht starker Verkehr. Höchstgeschwindigkeiten: auf Autobahnen 130 km/h, bei Regen

110 km/h, auf National- und Departmentstraßen 90 km/h, bei Regen 80 km/h, auf vierspurigen Strecken 110 km/h; in Ortschaften 50 km/h. Die Promillegrenze liegt bei 0,5. Für Fahrer, Beifahrer und Passagiere auf den Rücksitzen gilt Anschnallpflicht. Motorräder müssen am Tag mit Abblendlicht fahren, für alle Verkehrsteilnehmer gilt dasselbe bei Regen und Nebel. Der ADAC-Auslandsnotruf in München berät auch Nichtmitglieder über *Tel. 00 49/89 22 22 22* rund um die Uhr.

BANKEN & GELD

Banken sind im Allgemeinen montags bis freitags von 9 bis 16.30 oder 17 Uhr geöffnet, in kleinen Orten ist zwischen 12.30 und 14 Uhr Mittagspause und montags geschlossen, dafür samstags bis 12 Uhr geöffnet. Mit EC-Karte und Geheimzahl kann an Geldautomaten rund um die Uhr Bares abgehoben werden.

CAMPING

Es gibt etwa 850 Campingplätze in der Bretagne. Sehr nützlich sind die von den regionalen Fremdenverkehrsverbänden kostenlos erhältlichen aktuellen Campingbroschüren und das Verzeichnis »Bretagne-Camping Caravaning«. Mit Übersichtskarte, Fotos und Symbolen werden alle Plätze der Region vorgestellt. Die Unterteilung in vier Kategorien erleichtert die Wahl. Vordrucke für die Reservierung sind beigefügt; wer in der Hochsaison (Anfang Juli bis Mitte August) reist, sollte unbedingt rechtzeitig direkt buchen. Die Preise für Stellplatz, Auto, zwei Erwachsene und zwei

Kinder reichen von etwa 15 Euro (Zwei-Sterne-Platz) bis 40 Euro (Vier-Sterne-Platz).

Camping auf dem Bauernhof *(Camping à la Ferme)* ist eine weitere Alternative. Dazu gehören auch *Chambres d'Hôtes* (Bett und Frühstück) oder die *Gîtes Ruraux*, Ferienwohnungen auf Bauernhöfen und in Dörfern. Info: *Gi^tes de France, 59, rue St-Lazare, 75009 Paris, Tel. 01 49 70 75 75, Fax 01 42 81 28 53.* Freunden des ungebundeneren Camping empfehlen sich 25 bretonische Plätze in einsamer Lage *(Aires Naturelles de Camping)*, mit jeweils höchstens 400 m^2 Fläche. Informationen erhalten Sie beim *Comité Régional de Tourisme de Bretagne, 74 B, rue de Paris, 35069 Rennes, Tel. 02 99 36 15 15, Fax 02 99 28 44 40.* Auskunft in Deutschland erteilt der *ADAC, Am Westpark 8, 81373 München, Tel. 089/767 60*

DIPLOMATISCHE VERTRETUNGEN

Deutsches Honorarkonsulat
9, square Comm. L' Herminier, 29200 Brest, Tel. 02 98 44 35 59

Deutsche Botschaft
13–15, avenue Franklin-D.-Roosevelt, 75 008 Paris, Tel. 01 53 83 45 00, www.amb-allemagne.fr

Österreichische Botschaft
6, rue Fabert, 75 007 Paris, Tel. 01 40 63 30 63, www.amb-autriche.fr

Schweizer Botschaft
142, rue de Grenelle, 75 007 Paris, Tel. 01 49 55 67 00, www.eda.admin.ch/paris

GESUNDHEIT

Arztbesuche sind zunächst zu bezahlen (praktischer Arzt um 15 Euro, Spezialist 20 Euro). Die Auslagen werden meist von den Krankenkassen erstattet, wenn man Papierkrieg nicht scheut. Es ist sinnvoller, wenn man zusätzlich rechtzeitig vor Ferienbeginn zu Hause eine Reisekrankenversicherung abschließt.

GEZEITEN

Viele kleine Inseln und Felsgruppen in den Küstengewässern sind alle sechs Stunden bei Niedrigwasser zu Fuß zu erreichen. Besonders um den 21. März und 23. September, zur Zeit der Tagundnachtgleiche (Äquinoktium), zieht sich das Meer weit zurück. Die Flut kann gefährlich schnell kommen. Stimmen Sie also auf jeden Fall ihre Ebbewanderungen immer sorgfältig mit den Gezeiten ab. Rat erhalten Sie von den Einheimischen oder beim Touristenbüro, wo es auch Tabellen mit den Gezeiten gibt. An unbewachten, klippenreichen Stränden sollte man keinesfalls schwimmen. Oft herrschen hier starke Strömungen, gegen die selbst geübte Schwimmer hilflos sind.

INTERNET

Das Internet ist in Frankreich weit verbreitet. Ein besonderer Service sind die *Netanoos*, öffentliche Internetanschlüsse zum Surfen und Versenden von E-Mails mit einer Téle- oder Kreditkarte. Es gibt sie in verschiedenen Hotels, Touristbüros, *mairies* etc. Nützliche Websites sind zum Beispiel die offizielle

Homepage der französischen Botschaft in Berlin mit ausführlichen Informationen zu allen Themen, *www.botschaft-frankreich.de; Comité Régional du Tourisme, www.tourismebretagne.com* und *www.region-bretagne.fr;* Deutsche Botschaft Paris, *www.amb.allemagne.fr; Editions Michelin, www.viamichelin.fr*

INTERNETCAFÉS

Lorient: *Cyber Café No Work Tech, 5, place de la Libération, Tel. 02 97 84 72 09, noworktech@wanadoo.fr;* Rennes: *Kennedy Photocopie Informatique, 12, cours Kennedy, Tel. 02 99 59 44 02, kennedy.photocop@wanadoo.fr;* Vannes: *Mediacap, rue Henri Becquerel, Tel. 02 97 01 55 55, mediacap@mairie-vannes.fr.*

KLIMA

Mit 2020 Sonnenstunden im Jahr ist die Südküste der Bretagne besser dran als etwa die Küste bei Biarritz (2000 Sonnenstunden). Das Klima ist ausgesprochen mild; Winter mit Schnee ist sehr selten, ebenso sommerliche Hitzeperioden. Wegen überwiegender Westwinde beträgt die Durchschnittstemperatur 17 Grad. Die Niederschlagsmenge hält sich an der Küste in eher bescheidenen Grenzen; so fallen zum Beispiel in Brest 803 mm, in Vannes 750 mm Niederschlag im Jahr.

KURTAXE

In den bretonischen Seebädern und Badeorten wird von Juni bis September eine Kurtaxe erhoben (Erwachsene etwa 0,50–1,50 Euro pro Tag, Kinder die Hälfte).

LITERATUR

Francoise Bourdin, »Goldenes Haar im Wind«: In St-Malo spielt die spannende Familiensaga um einen jungen Reeder, der ein schweres Erbe antritt; Lis V. Kristensen, »Ein bretonischer Sommer«: ergreifende Liebesgeschichte einer jungen Dänin und eines Bretonen; Bernhard Maier, »Die Kelten«: Von den legendären Anfängen bis heute spannt sich der Bogen; Erik Orsenna, »Inselsommer«: mit Witz und Geist erzählte Geschichte eines Übersetzers, der auf einer bretonischen Insel lebt und mit Hilfe der Einheimischen überlebt; Hermann Schreiber, »Bretagne. Mythen, Sagen, Gegenwart«: anregend geschrieben, aufgelockert mit Geschichten und Anekdoten.

MUSEEN & SCHLÖSSER

Die genannten Öffnungszeiten gelten meist für die Sommersaison. Außerhalb der Saison sind manche Schlösser nur an bestimmten Tagen zu besichtigen oder manchmal sogar geschlossen. Die Eintrittspreise für Schlösser, zoologische Gärten und private Museen betragen für Erwachsene etwa 2–4 Euro, für Kinder die Hälfte. Führungen sind häufig teurer. Staatliche und städtische Museen erheben um 2 Euro. Die Besichtigung von Klöstern, Kirchen und Ausgrabungsstätten kostet zwischen 1 und 3 Euro.

NOTRUF

Europäischer Notruf/ European Emergency Call

(Polizei, Notarzt, Feuerwehr): Tel. 112

POST

Briefe (20g) und Postkarten in EU-Länder und die Schweiz kosten 0,50 Euro, in andere europäische Länder 0,60 Euro.

REISEZEIT

Besonders angenehm reisen Sie im Frühjahr und Herbst, denn im Hochsommer sind die größeren Badeorte und ihre Strände stark besucht. Es ist jedoch nicht schwer, auch dann einsame Badeplätze und Strände zu finden.

STROM

Üblich sind 220 V. Flachstecker passen in französische Steckdosen. Bei Schukosteckern muss man einen Adapter benutzen.

TELEFON & HANDY

In den Telefonzellen braucht man Telefonkarten *(Télécartes)*, erhältlich in Postämtern, Tabak- und Zeitungsläden, Tankstellen, Hotels. Erheblich billiger ist das Telefonieren ins Ausland nach 21.30 Uhr, samstags ab 14 Uhr, an Sonn- und Feiertagen den ganzen Tag. Es gibt drei Mobiltelefonbetreiber in Frankreich: France Telecom, SFR und Buygues Telecom. Der Normaltarif gilt von 8 bis 21.30 Uhr (ca. 0,70 Euro pro Minute), übrige Zeit und feiertags die Hälfte.

In Frankreich sind immer die 10-stelligen Nummern mit 0 zu wählen, auch bei Ortsgesprächen. Für Auslandsgespräche von Frankreich aus wählt man die Vorwahl 00, dann die Länderkennzahl (D 49, A 43, Ch 41), dann die Ortsvorwahl ohne »0«. Für Gespräche vom Ausland nach Frankreich 0033 und dann die 9-stellige Nummer wählen, ohne die vorangestellte 0.

Was kostet wie viel?

Kaffee	**ab 1,20 Euro** für einen »petit noir«
Bier	**ab 1,80 Euro** für ein Gezapftes
Wein	**ab 11 Euro** für eine Flasche im Restaurant
Brot	**0,70 Euro** für ein Baguette
Benzin	**1,10 Euro** für einen Liter Normal
Diesel	**0,85 Euro** für einen Liter

THALASSOTHERAPIE

Belle-Île-en-Mer, Carnac, Dinard, La Baule, Le Crouesty, Perros-Guirec, Quiberon, Roscoff, Saint-Malo und Tréboul-Douarnenez bieten Meerwasserkuren mit auf 37 Grad erwärmtem Meerwasser, Algen- und Schlammbäder. Auch spezielle Kuren werden angeboten. Info: *Formules Bretagne, 203, boulevard St-Germain, 75007 Paris, Tel./Fax 01 53 63 11 53,* Internet: *www.thalasso-france.com*

TRINKGELD

Bei verschiedenen Gelegenheiten sollten Sie ein Trinkgeld geben: Im Restaurant wird nach oben bis zu

10 Prozent aufgerundet. Im Hotel erhalten bei besonderen Dienstleistungen der Portier und der Zimmerservice ein Trinkgeld, ebenso bei längerem Aufenthalt das Zimmermädchen (pro Woche ab ungefähr 4 Euro). Im Taxi sind 10 Prozent üblich.

UNTERKUNFT

In jedem Badeort können Sie – bei rechtzeitiger Buchung! – aus einer breiten Palette von Unterkünften das Passende wählen, vom Privatzimmer über Pensionen und kleine Hotels mit fünf oder sechs Zimmern bis zu den nach Sternen kategorisierten Häusern. Zwei- bis Drei-Sterne-Hotels bieten jeden Komfort, allerdings sind die Zimmer manchmal winzig. Beachten sollten Sie auch, dass viele Hotels in der Badesaison nur wochenweisen Aufenthalt anbieten. Das gilt sowieso für Ferienwohnungen und -häuser. Eine große Auswahl bietet z. B. *Tiz Brei, Haus der Bretagne, Deichstraße 39, 20459 Hamburg, Tel. 040/ 22 75 61 28, Fax 22 75 61 29.*

ZOLL

Die EU hat weitgehend die Zollschranken beseitigt. Privat Reisende (nicht Gewerbetreibende) dürfen alle Waren, die für den persönlichen Verbrauch bestimmt sind, ohne weiteres mit in ihr Heimatland nehmen. Es gibt jedoch bestimmte Obergrenzen: 800 Zigaretten, 90 l Wein, 10 l Spirituosen. Bei Tax-free-Einkauf und für Schweizer gelten 175 Euro als Freigrenze für Waren, 200 Zigaretten und 2 l Wein.

Wetter in Brest

	Jan.	Feb.	März	April	Mai	Juni	Juli	Aug.	Sept.	Okt.	Nov.	Dez.
Tagestemperaturen in °C	9	9	12	13	15	18	19	20	18	15	12	9
Nachttemperaturen in °C	4	3	5	6	8	11	12	12	11	9	6	4
Sonnenschein Std./Tag	2	3	5	7	8	7	7	7	5	4	2	2
Niederschlag Tage/Monat	22	16	15	15	14	13	14	15	16	19	20	20
Wassertemperaturen in °C	10	10	10	10	12	14	15	16	15	14	13	11

Tu parles français?

»Sprichst du Französisch?«
Dieser Sprachführer hilft Ihnen, die wichtigsten Wörter und Sätze auf Französisch zu sagen

Zur Erleichterung der Aussprache sind alle französischen Wörter mit einer einfachen Aussprache (in eckigen Klammern) versehen.

AUF EINEN BLICK

Ja./Nein.	Oui. [ui]/Non. [nong]
Vielleicht.	Peut-être. [pöhtätr]
Bitte.	S'il vous plaît. [sil wu plä]
Danke.	Merci. [märsi]
Gern geschehen.	De rien. [dö rjäng]
Entschuldigen Sie!	Excusez-moi! [äksküseh mua]
Wie bitte?	Comment? [kommang]
Ich verstehe Sie/dich nicht.	Je ne comprends pas. [schön kongprang pa]
Ich spreche nur wenig Französisch.	Je parle un tout petit peu français. [schparl äng tu pti pöh frangsä]
Können Sie mir bitte helfen?	Vous pouvez m'aider, s.v.p.? [wu puweh mehdeh sil wu plä]
Sprechen Sie Deutsch/ Englisch?	Vous parlez allemand/anglais? [wu parleh almang/anglä]
Ich möchte ...	J'aimerais ... [schämrä]
Das gefällt mir nicht.	Ça ne me plaît pas. [san mö plä pa]
Haben Sie ...?	Vous avez ...? [wus‿aweh]
Wie viel kostet es?	Combien ça coûte? [kongbjäng sa kut]
Wie viel Uhr ist es?	Quelle heure est-il? [käl‿ör ät‿il]

KENNENLERNEN

Guten Morgen/Tag!	Bonjour! [bongschur]
Guten Abend!	Bonsoir! [bongsuar]
Hallo!/Grüß dich!	Salut! [salü]
Wie ist Ihr Name, bitte?	Comment vous appelez-vous? [kommang wus‿apleh wu]
Wie heißt du?	Comment tu t'appelles? [kommang tü tapäl]

Wie geht es Ihnen/dir?	Comment allez-vous/vas-tu? [kommangt‿aleh wu/wa tü]
Danke. Und Ihnen/dir?	Bien, merci. Et vous-même/toi? [bjäng märsi. eh wu mäm/tua]
Auf Wiedersehen!	Au revoir! [oh röwuar]
Tschüss!	Salut! [salü]

UNTERWEGS

Auskunft

links/rechts	à gauche [a gohsch]/à droite [a druat]
geradeaus	tout droit [tu drua]
nah/weit	près [prä]/loin [luäng]
Bitte, wo ist …?	Pardon, où se trouve …, s.v.p.? [pardong, us truw … sil wu plä]
Wie weit ist das?	C'est à combien de kilomètres d'ici? [sät‿a kongbjängd kilomätrö disi]

Panne

Ich habe eine Panne.	Je suis en panne. [schö süis‿ang pan]
Würden Sie mir bitte einen Abschleppwagen schicken?	Est-ce que vous pouvez m'envoyer une dépanneuse, s.v.p.? [äs‿kö wu puweh mangwuajeh ün deh panöhs sil wu plä]
Gibt es hier in der Nähe eine Werkstatt?	Est-ce qu'il y a un garage près d'ici? [äs‿kil‿ja äng garasch prä disi]
… ist defekt.	… est défectueux. [ä dehfäktüöh]

Tankstelle

Wo ist bitte die nächste Tankstelle?	Pardon, Mme/Mlle/M., où est la station-service la plus proche, s.v.p.? [pardong madam/madmuasäl/mösjöh u ä la stasjong särwis la plü prosch sil wu plä]
Ich möchte … Liter.	… litres, s'il vous plaît. [litrö sil wu plä]
Super.	Du super. [dü süpär]
Diesel.	Du gas-oil. [dü gasual]
bleifrei/mit … Oktan.	Du sans-plomb/… octanes. [dü sang plong/ … oktan]
Voll tanken, bitte.	Le plein, s.v.p. [lö pläng sil wu plä]

Unfall

Hilfe!	Au secours! [oh skur]
Achtung!	Attention! [atangsjong]
Rufen Sie bitte schnell …	Appelez vite … [apleh wit]
… einen Krankenwagen.	… une ambulance. [ün‿angbülangs]
… die Polizei.	… la police. [la polis]
… die Feuerwehr.	… les pompiers. [leh pongpjeh]

Es war meine Schuld.	C'est moi qui suis en tort. [sä mua ki süis‿ang torr]
Es war Ihre Schuld.	C'est vous qui êtes en tort. [sä wu ki äts‿ang torr]
Geben Sie mir bitte Ihren Namen und Ihre Anschrift!	Vous pouvez me donner votre nom et votre adresse? [wu puweh mö donneh wottrö nong eh wottr‿adräs]

ESSEN/UNTERHALTUNG

Wo gibt es hier …	Vous pourriez m'indiquer… [wu purjeh mängdikeh]
… ein gutes Restaurant?	… un bon restaurant? [äng bong rästorang]
… ein nicht zu teures Restaurant?	… un restaurant pas trop cher? [äng rästorang pa troh schär]
Reservieren Sie uns bitte für heute Abend einen Tisch für vier Personen.	Je voudrais réserver une table pour ce soir, pour quatre personnes. [schwudrä räsehrweh ün tablö pur sö suar pur kat pärsonn]
Wo sind bitte die Toiletten?	Où sont les W.-C., s.v.p.? [u song leh wehseh sil wu plä]
Auf Ihr Wohl!	A votre santé!/A la vôtre! [a wottr sangteh/a la wohtr]
Bezahlen, bitte.	L'addition, s.v.p. [ladisjong sil wu plä]

ÜBERNACHTEN

Können Sie mir bitte ein gutes Hotel empfehlen?	Pardon, Mme/Mlle/M., vous pourriez recommander un bon hôtel? [pardong madam/madmuasäl/mösjöh wu purjeh rökommangdeh äng bonn‿ohtäl]
Haben Sie noch …	Est-ce que vous avez encore … [äs‿kö wus‿aweh angkorr]
… ein Einzelzimmer?	… une chambre pour une personne? [ün schangbr pur ün pärsonn]
… ein Zweibettzimmer?	… une chambre pour deux personnes? [ün schangbr pur döh pärsonn]
… mit Bad?	… avec salle de bains? [awäk sal dö bäng]
… für eine Nacht?	… pour une nuit? [pür ün nüi]
… für eine Woche?	… pour une semaine? [pür ün sömän]
Was kostet das Zimmer mit Frühstück?	Quel est le prix de la chambre, petit déjeuner compris? [käl‿ä lö prid la schangbr pti dehschöneh kongpri]

PRAKTISCHE INFORMATIONEN

Arzt

Können Sie mir einen guten Arzt empfehlen?	Vous pourriez recommander un bon médecin, s.v.p.? [wu purjeh rökommangdeh äng bong mehdsäng sil wu plä]
Ich habe hier Schmerzen.	J'ai mal ici. [scheh mal isi]

Bank

Wo ist hier bitte …	Pardon, je cherche … [pardong schö schärsch]
… eine Bank?	… une banque. [ün bangk]
Ich möchte... Schweizer Franken in Euro wechseln.	Je voudrais changer … francs suisses en euros. [schwudrä schangscheh … frang süis ang öroh]

Post

Was kostet …	Quel est le tarif pour affranchir … [käl‿ä lö tarif pur afrangschir]
… eine Postkarte …	… des cartes postales … [deh kart postal]
… nach Deutschland?	… pour l'Allemagne? [pur lalmanj]

ZAHLEN

0	zéro [sehroh]	20	vingt [wäng]
1	un, une [äng, ühn]	21	vingt et un, une [wängt‿eh äng, ühn]
2	deux [döh]	22	vingt-deux [wängt döh]
3	trois [trua]	30	trente [trangt]
4	quatre [katr]	40	quarante [karangt]
5	cinq [sängk]	50	cinquante [sängkangt]
6	six [sis]	60	soixante [suasangt]
7	sept [sät]	70	soixante-dix [suasangt dis]
8	huit [üit]	80	quatre-vingt [katrö wäng]
9	neuf [nöf]	90	quatre-vingt-dix [katrö wäng dis]
10	dix [dis]	100	cent [sang]
11	onze [ongs]	200	deux cents [döh sang]
12	douze [dus]	1000	mille [mil]
13	treize [träs]	2000	deux mille [döh mil]
14	quatorze [kators]	10000	dix mille [di mil]
15	quinze [kängs]	1/2	un demi [äng dmi]
16	seize [säs]	1/4	un quart [äng kar]
17	dix-sept [disät]		
18	dix-huit [disüit]		
19	dix-neuf [disnöf]		

Reiseatlas Bretagne

Die Seiteneinteilung für den Reiseatlas finden Sie auf dem hinteren Umschlag dieses Reiseführers

Kartenlegende Reiseatlas

le Mans-Est 4 — Autobahn mit Anschlussstelle
Motorway with junction

Datum, Date — Autobahn in Bau
Motorway under construction

Datum, Date — Autobahn in Planung
Motorway projected

Raststätte mit Übernachtungsmöglichkeit
Roadside restaurant and hotel

Raststätte ohne Übernachtungsmöglichkeit
Roadside restaurant

Erfrischungsstelle, Kiosk
Snackbar, kiosk

Tankstelle, Autohof
Filling-station, Truckstop

Autobahnähnliche Schnellstraße mit Anschlussstelle
Dual carriage-way with motorway characteristics with junction

Straße mit zwei getrennten Fahrbahnen
Dual carriage-way

Durchgangsstraße
Thoroughfare

Wichtige Hauptstraße
Important main road

Hauptstraße
Main road

Sonstige Straße
Other road

Fernverkehrsbahn
Main line railway

Bergbahn
Mountain railway

Autotransport per Bahn
Transport of cars by railway

Autofähre
Car ferry

Schifffahrtslinie
Shipping route

Landschaftlich besonders schöne Strecke
Route with beautiful scenery

Routes des Crêtes — Touristenstraße
Tourist route

Straße gegen Gebühr befahrbar
Toll road

Straße für Kraftfahrzeuge gesperrt
Road closed to motor traffic

Zeitlich geregelter Verkehr
Temporal regulated traffic

15% — Bedeutende Steigungen
Important gradients

Kultur
Culture

★★ PARIS, ★★ *la Alhambra* — Eine Reise wert
Worth a journey

★ TRENTO, ★ *Comburg* — Lohnt einen Umweg
Worth a detour

Landschaft
Landscape

★★ Rodos, ★★ *Fingal's cave* — Eine Reise wert
Worth a journey

★ Korab, ★ *Jaskinia raj* — Lohnt einen Umweg
Worth a detour

Besonders schöner Ausblick
Important panoramic view

Ausflüge & Touren
Excursions & tours

Nationalpark, Naturpark
National park, nature park

Sperrgebiet
Prohibited area

4807 — Bergspitze mit Höhenangabe in Metern
Mountain summit with height in metres

(630) — Ortshöhe
Elevation

Kirche
Church

Kirchenruine
Church ruin

Kloster
Monastery

Klosterruine
Monastery ruin

Schloss, Burg
Palace, castle

Schloss-, Burgruine
Palace ruin, castle ruin

Denkmal
Monument

Wasserfall
Waterfall

Höhle
Cave

Ruinenstätte
Ruins

Sonstiges Objekt
Other object

Jugendherberge
Youth hostel

Badestrand · Surfen
Bathing beach · Surfing

Tauchen · Fischen
Diving · Fishing

Verkehrsflughafen
Airport

Regionalflughafen · Flugplatz
Regional airport · Airfield

A
B
C
1
2
3
4
5
6
10 km
Ile d'Ouessant
Lampaul
Chenal du Four
Ile de Molène
Ile de Béniguet
Lampaul-Plouarzel
Phare de Trézien
le Conquet
Pointe de St. Mathieu
Pointe du Petit Minou
Ile Vierge
Lilia
l'Aber-Vrac'h
Pointe de Pol
Brignogan-Plage
Kerlouan
Plounéour-Trez
Goulven
Plouguerneau
Kernilis
Lesneven
Lanhouarn
Lannilis
Château de Trémazan
Portsall
Ploudalmézeau
Porspoder
Tréglonou
Lanildut
Plouguin
le Folgoët
Plouvien
St. Méen
Ploudaniel
Bourg-Blanc
Lanvenec
Plabennec
Plounéventer
Plouarzel
Gouesnou
Pays de Brest
Brest (Guipavas)
Menhir
St. Renan
Guilers
BREST
Guipavas
Landerneau
Plouzané
le Relecq-Kerhuon
Plougonvelin
Pont Albert Louppe
Plougastel-Daoulas
Dirinon
Pointe des Espagnols
Ste. Anne-du-Portzic
Presqu'Ile Plougastel
Kerdeniel
Rade de Brest
Daoulas
Roscanvel
Hôpital-Camfrout
Camaret-sur-Mer
le Fret
Lanvéoc
Presqu'Ile de Crozon
Pointe de Pen-Hir
Landevennec
Pont de Térénez
Pointe de Dinan
Crozon
le Faou
Morgat
Tal-ar-Groaz
Telgruc-sur-Mer
Rosnoën
Menez Hom
Dineault
Rostudel
Pentrez-Plage
Ste. Marie-du-Menez-Hom
Cap de la Chèvre
Baie de Douarnenez
Plomodiern
Châteaulin
Ste. Anne-la-Palud
Ile de Sein
Pointe du Van
Tréfeuntec
Cast
Trebou
Poullan-sur-Mer
Beuzec-Cap Sizun
Pointe du Raz
Lescoff
Cléden-Cap Sizun
Locronan
Plonévez-Porzay
Plogoff
Douarnenez
Kergoat
Landrevarzec
St. Tugen
le Juch
Pont-Croix
Confort
Plogonnec
Quilinen
Audierne
Plouhinec
Pouldergat
Guengat
Cornouaille
Plozévet
Landudec
Ty-Sanquer
Plogastel-St. Germain
Plonéis
Pluguffan
Baie d'Audierne
Penhors
Quimper (Pluguffan)
Pouldreuzic
QUIMPER
Chap. de Languidou
Plomelin
Ste des Vire Court
Plonéour-Lanvern
Pont-l'Abbé
Combrit
Gouesnac'h
N.-D. de Tronoën
Cheffontaines
Bénodet
Plomeur
Odet
Musée
St. Guénolé
Fouesnant
Penmarc'h
Ste. Marine
Kerazan
Loctudy
Pointe de Penmarc'h
Plobannalec
Pointe de Mousterlin
Beg-Meil
Guilvinec
Léchiagat
Lesconil
St. Nicolas
Iles de Glénan
Ile du Loc'h

D
E
F
Cork 14h
Rosslare Harbour 15h
Plymouth 6h
Côtes d'Armor
Côte du Granit Rose
les Sept Iles
Pointe du Château
Ile de Batz
Pointe de Bloscon
Roscoff
Pointe de Primel
Trégastel-Plage
Ploumanac'h
Rochers de Ploumanac'h
Ile Grande
Perros-Guirec
Port-Blanc
Penvénan
Trébeurden
Menhir
Pleumeur-Bodou
Baie de Lannion
Pointe de Bihit
Lannion
Pont-Losquet
Tréguier
St. Pol-de-Léon
Primel-Trégastel
Plougasnou
le Yaudet
Cléder
Chât. du Taureau
Térénez
St. Jean-du-Doigt
Locquémeau
Pleudaniel
Tréflaouénan
Carantec
Tumulus
Locquirec
St. Michel-en-Grève
Chât. de Coat-Frec
la Roche-Derrien
Ploubezre
Chap. de Kerfons
Chât. de Tonquédec
Plouzévédé
Lanmeur
Locquénolé
Ploumilliau
Taulé
Penzé
Plestin-les-Grèves
Runan
Cavan
Lambader
St. Martin-des-Champs
Morlaix
Lanvellec
Guiclan
Plouégat-Moysan
Pluzunet
Plouaret
Bégard
Landivisiau
Plouigneau
Plourin-lès-Morlaix
St. Thégonnec
Plounérin
Pédernec
Guimiliau
Plougonven
Keramanac'h
Louargat
Guerlesquin
Pleyber-Christ
le Cloître-St-Thégonnec
Loguivy-Plougras
Belle-Isle-en-Terre
Ménez-Bré
Guingamp
Plounéour-Ménez
Lannéanou
Gurunhuel
Coat ar Herno
Lohuec
Plougonver
Moustéru
Ploumagoar
Roc'h
Roche St. Barnabé
Scrignac
Commana
Aulne
Bourbriac
la Feuillée
Berrien
Bulat-Pestivien
St. Montagne
Brennilis
Rés. de St. Michel
Plourac'h
Callac
Huelgoat
Carnoët
Plésidy
Loqueffret
Locmaria-Berrien
Burtulet
St. Herbot
Maël-Pestivien
Kérien
Lannédern
le Cloître-Pleyben
Poullaouen
Plouyé
Locarn
St. Gilles-Pligeaux
Carhaix-Plouguer
Pleyben
Plonévez-du-Faou
Kergrist-Moëlou
St. Nicolas-du-Pélem
Landeleau
le Moustoir
Maël-Carhaix
Port Carhaix
St. Lubin
Plounévez-Quintin
Châteauneuf-du-Faou
Spézet
Glomel
Ste. Tréphine
Rostrenen
Plouguernével
Laniscat
Gorges du Daoulas
Groaz-Brenn
N.-D. du Crann
Roc de Toullaëron
Montagnes Noires
Tréogan
Gouarec
Trégourez
Mellionnec
les Forges des Salles
Lac de Guerlédan
Forêt de Quénécan
Roudouallec
Gourin
Langonnet
Plouray
Silfiac
Croix-Menez Bris
Ty Louet
Coray
Langoëlan
Guiscriff
Cléguérec
Elliant
Tourc'h
Ste. Barbe
Priziac
Ploërdut
le Croisty
Séglien
Scaër
le Faouët
Guémené-s.-Scorff
Stival
Rosporden
St. Fiacre
Persquen
Pontivy
Meslan
St. Thurien
Kernascléden
Guern
Melgven
Bannalec
Melrand
Inguiniel
Bubry
St. Nicodème
le Trévoux
St. Nicolas-des-Eaux
Concarneau
Trégunc
Arzano
Pont-Aven
Plouay
Quimperlé
Névez
Riec-sur-Bélon
Quistinic
Vallée du Blavet
Moëlan-sur-Mer
Remungol
Port-Manec'h
Kerfany-les-Pins
Pont-Scorff
Inzinzac-Lochrist
Baud
Clohars-Carnoët
Caudan
Languidic
Camors
le Pouldu
Guidel
Quéven
Hennebont
Lambel
Lorient (Lann-Bihoué)
Brandérion
Bieuzy-Lanvaux
le Fort Bloqué
Ploemeur
Lanester
Lorient
Landévant
Lomener
Locmiquélic
Landaul
Pluvigner
Larmor-Plage
Riantec
Merlevenez
Plumergat
Ile de Groix
Groix
Brec'h
Belz
Ste. Anne-d'Auray
118

A
B
C
1
2
3
5
6
10 km
Guernsey
Plymouth 8h
Weymouth 2½
Alderney
Vale
Cobo Bay
St. Sampson
L'Etacq
Jethou
Herm
St. Peter-Po
St. Martin
Icart Point
Sark
Channel Is
GREAT BRIT
OCÉAN
ATLANTIQUE
Côtes d'Armor
Iles d'Er
Sillon de Talbert
Plougrescant
Pleubian
Ile de Bréhat
le Port Clos
Pointe de l'Arcouest
Loguivy
Lézardrieux
Ploubazlanec
Paimpol
Kerity
Abb. de Beauport
Plourivo
Plouézec
Golfe de St.
Bréhec
Pontrieux
Lanloup
Temple de Lanleff
Port-Moguer
Baie de St. Brieuc
St. Clet
Plouha
Trévérec
Lanvollon
2 h
Côte d'Emeraude
Goudelin
St. Quay-Portrieux
Cap Fréhel
Pabu
Etables-sur-Mer
Guingamp
Binic
Sables d'Or-les-Pins
Fort de la Latte
la Corderie
Pointe de Pléneuf
Erquy
Plélo
Pordic
le Val-André
Fréhel
St. Cast-le-Guildo
Pointe de St. Ca
Ploumagoar
Châtelaudren
les Rosaires
Pléneuf-Val-André
Pointe du Chevet
Plouagat
le Roselier
Pen Guen Plage
St. Péver
Plérin
Pointe du Roselier
ST. BRIEUC
Hillion
St. Alban
Hénanbihen
Matignon
St. Jacut-de-la-Mer
Ploufragan
Langueux
les Ponts-Neufs
St. Gueltas
le Guildo
Yffiniac
Ploub
Plancoët
Quintin
Plédran
Pléven
Lamballe
Bourseul
Plaintel
Quessoy
Noyal
Plédéliac
Chât. de la Hunaudaye
Corseul
St. Carreuc
Plestan
Plélan-le-Petit
Quévert
la Malhoure
Jugon-les-Lacs
Corlay
le Bodéo
Moncontour
St. Glen-Penguily
Plénée-Jugon
Plœuc-sur-Lié
Brusvilly
Plussulien
Bel Air
le Gouray
Mégrit
Uzel
Gausson
Sévignac
St. Gilles-Vieux-Marché
Plouguenast
Yvignac
Gorges du Poulancre
Langast
Boquen
le Quillio
Broons
St. Guen
la Motte
Eréac
Rance
Arguenon
Rosette
Gouët
Evran
118
116

D
E
F
CHERBOURG-OCTEVILLE
Tourlaville
(Maupertus)
Biville
St. Pierre-Eglise
la Glacerie
Martinvast
le Theil
le Vast
Quettehou
Cap de Flamanville
Diélette
Helleville
Flamanville
les Pieux
Délasse
Passage de la Déroute
Bournemouth 8h
Portsmouth 9h
Pointe du Rozel
Surtainville
Quettetot
Valognes
Bricquebec
Montebourg
Colomby
Orglandes
Masse de Pomond
Carteret
Cap de Carteret
Barneville-Carteret
Portbail
St. Sauveur-le-Vicomte
Pont l'Abbé
Chef-du-Pont
Ste. Mère-Eglise
Ste. Côme-du-Mont
Baupte
Carentan
St. Jores
Mont Castre
la Haye-du-Puits
St. Germain-sur-Ay
Lessay
St. Patrice-de-Claids
Sainteny
Tribehou
Périers
le Mesnil-Vigot
St. Sauveur-Lendelin
Gouville-sur-Mer
Montsurvent
Marigny
Coutainville
Gratot
Tourville-s.-Sienne
Coutances
Cerisy-la-Salle
Canisy
Dangy
Pointe d'Agon
Montmartin-s.-Mer
Hauteville-Plage
Notre-Dame-de-Cenilly
Quettreville
Villebaudon
Lengronne
Hambye
Anc. Abb. d'Hambye
Cérences
Bréhal
St. Martin-de-Bréhal
Gavray
Ver
Montaigu-les-Bois
Percy
Iles Chausey
Grande Ile
Granville
Pointe du Roc
Donville-les-Bains
St. Pair-s.-Mer
Beauchamps
Villedieu-les-Poêles
la Haye-Pesnel
Jullouville
Carolles
Sartilly
St. Jean-le-Thomas
Genêts
Avranches
Ponts
Brécey
St. Quentin-s.-le-Homme
Ducey
Pontaubault
Isigny-le-Buat
St. Hilaire-du-Harcouët
Mauperthuis
Jersey
St. John
Trinity
St. Peter
St. Martin
Grottes Plémont
Mailresse Ile
Hougue Bie
Mont Orgueil
Gorey
St. Aubin
ST. HELIER
St. Clément
la Rocque Pointe
lands
Malo
Baie du Mont St. Michel
Pointe du Grouin
Pointe de la Chaine
Cancale
Rothéneuf
Paramé
ST. MALO
Dinard
St. Méloir-des-Ondes
la Gouesnière
le Vivier-s.-Mer
Cherrueix
Mont Dol
Bec d'Andaine
le Mont-St. Michel
St. Suliac
Châteauneuf-d'Ille-et-Vilaine
St. Broladre
Beauvoir
Pleurtuit
Minihic-s.-R.
Plouër-s.-Rance
Pleudihen-s.-Rance
Dol-de-Bretagne
Pleine-Fougères
Pontorson
la Croix-Avranchin
St. James
St. Martin-de-Landelles
Lanvallay
St. Pierre-de-Plesguen
la Boussac
Trans
Argouges
St. Georges-de-Reintembault
Plesder
Pleugueneuc
Meillac
Combourg
Cuguen
Antrain
St. Ouen-la-Rouerie
Mellé
Poilley
Louvigné-du-Désert
Landivy
Tinténiac
St. Domineuc
Bazouges-la-Pérouse
St. Leger-des-Prés
Tremblay
St. Brice-en-Coglès
St. Etienne-en-Coglès
Montours
Pontmain
Landéan
Dingé
117
120

115
A
B
C
1
2
3
4
5
6
Gourin
Langonnet
Plouray
Guiscriff
Ste. Barbe
le Faouët
St. Fiacre
St. Thurien
Meslan
Kernascléden
les Forges des Salles
Lac de Guerlédan
Forêt de Quénécan
Silfiac
Langoëlan
Ploërdut
le Croisty
Guémené-s.-Scorff
Séglien
Cléguérec
Persquen
Guern
Stival
Pontivy
Poulancre
le Quillio
St. Guen
Mur-de-Bretagne
St. Caradec
Loudéac
Neuillac
St. Gonnery
St. Maudan
St. Guérand
Noyal-Pontivy
Rohan
Canal de Nantes à Brest
Oust
Inguiniel
Melrand
Bubry
St. Nicodème
St. Nicolas-des-Eaux
Pluméliau
Naizin
Réguiny
Pont-Hamon
Arzano
Quimperlé
Plouay
Pont-Scorff
Inzinzac-Lochrist
Quistinic
Vallée du Blavet
Remungol
Moréac
Caudan
Guidel
Quéven
Baud
Languidic
Lambel
Camors
Locminé
Plumelin
Bignan
St. Allouestre
St. Jean-Brévelay
Lann-Bihoué
Hennebont
Brandérion
Bieuzy-Lanvaux
Colpo
Lanester
Lorient
Ploemeur
Fort Bloqué
Lomener
Locmiquélic
Landévant
Landaul
Pluvigner
Plumergat
Grand-Champ
Landes de Lanvaux
Larmor-Plage
Port-Louis
Gâvres
Riantec
Merlevenez
Plouhinec
Brec'h
Ste. Anne-d'Auray
Meucon
Plescop
Tours d'Elven
Elven
St. Avé
Groix
Locmaria
Ile de Groix
Belz
Etel
Erdeven
Align. de Kerzerho
Dolm. de Crucuno
Auray
Bono
Vannes
Arradon
Plouharnel
Align. de Carn.
Tum. St. Michel
Carnac
Port-Blanc
Larmor-Baden
Ile aux Moines
Pointe d'Arradon
Séné
Theix
Penthièvre
Pointe du Percho
Grd. Menh. et T. des Marchands
Locmariaquer
Tum. de Gavrinis
Tum. de Tumiac
Golfe du Morbihan
Noyalo
Surzur
Presqu'Ile de Quiberon
Côte Sauvage
St. Pierre-Quiberon
Port-Navalo
Baie de Quiberon
Sarzeau
St. Colombier
Ambon
Quiberon
Port-Haliguen
Pointe du Conguel
Chât. de Suscinio
le Tour-du-Parc
St. Gildas-de-Rhuys
Penvins
Damgan
Billiers
Pointe de Penlan
Pointe des Poulains
Grotte de l'Apothicairerie
Sauzon
Île de Houat
Île-d'Houat
le Palais
Port de Donnant
Aiguilles de Port Cotton
Port de Goulphar
Bangor
Belle-Ile
Locmaria
Île du Hœdic
Hœdic
Quimiac
Piriac-s.-Mer
Pointe du Castelli
Pointe du Croisic
le Croisic
Batz-sur-Mer
le Pouliguen
Chenal du Nord
OCÉAN
ATLANTIQUE
10 km
Noirm
l'Herb

117
119
D
E
F
Plessala
St. Gilles-du-Mené
St. Vran
Eréac
Laurenan
Plémet
Merdrignac
Ménéac
St. Launeuc
Trémorel
Illifaut
Mohon
St. Brieuc-de-Mauron
Mauron
Gaël
St. Méen-le-Grand
Caulnes
Médréac
Quédillac
Landujan
Montauban
Boisgervilly
Muel
Iffendic
Bécherel
Irodouër
Romillé
Bédée
Breteil
Gévezé
Montgerval
Dingé
Hédé
Vignoc
Melesse
Betton
St. Grégoire
Pacé
St. Gilles
l'Hermitage
Vezin-le-Coquet
Mordelles
Montfort
Talensac
Cintré
St. Péran
Plélan-le-Grand
Bréal-sous-Montfort
Rennes (St. Jacques)
St. Jacques-de-la-Lande
Bruz
Goven
Baulon
Lassy
Guichen
Châtillon-s.-Seiche
Bout-de-Lande
Corps-Nuds
Guilliers
Concoret
Forêt de Paimpont
Néant-s.-Yvel
Loyat
Josselin
Ploërmel
Châț. de Trecesson
les Forges de-Paimpont
Campénéac
Beignon
Maxent
Augan
Monterrein
Campel
la Chapelle-Bouëxic
Guer
Maure-de-Bretagne
St. Séglin
Lohéac
Guignen
Bourg-des-Comptes
Poligné
le Sel-de-Bretagne
la Chapelle
Monteneuf
Malestroit
Ruffiac
Carentoir
Lieuron
Pipriac
Guipry
Messac
Bain-de-Bretagne
la Bosse-de-Bretagne
Tresbœuf
St. Congard
Pleucadeuc
St. Martin
la Gacilly
Sixt-s.-Aff
Teillay
St. Gravé
Rochefort-en-Terre
Bel-Air
Peillac
St. Vincent-s.-Oust
Bains-s.-Oust
Renac
Grand-Fougeray
St. Sulpice-des-Landes
Sion-les-Mines
Limerzel
Caden
Redon
Allaire
Avessac
Lac de Murin
Beslé
Pierric
Masserac
Château Branféré
St. Nicolas-de-Redon
Rieux
Péaule
Béganne
Guémené-Penfao
Derval
Lusanger
Conquereuil
Fégréac
Marzan
St. Dolay
la Roche-Bernard
Châț. de la Bretesche
Herbignac
la Chapelle-des-Marais
Missillac
St. Gildas-des-Bois
Guenrouet
Plessé
Vay
Nozay
Treffieux
la Meilleraye-de-Bretagne
le Gâvre
Abbaretz
Parc Naturel Régional de Brière
Pontchâteau
Quilly
Blain
Saffré
St. Lyphard
Ile de Fédrun
St. Joachim
Campbon
Bouvron
Fay-de-Bretagne
Glanet
St. Malo-de-Guersac
Brière
Montoir-de-Bretagne
Savenay
Héric
Nort-sur-Erdre
la Baule
Trignac
Donges
Casson
Pont de St. Nazaire
Loire
Lavau-s.-Loire
le Temple-de-Bret.
Cordemais
la Paquelais
Sucé-sur-Erdre
Petit-Mars
ST. NAZAIRE
Paimbœuf
Vigneux-de-Bretagne
la Poste
St. Mars-du-Désert
St. Marc
St. Brévin-l'Océan
St. Brévin-les-Pins
St. Viaud
Frossay
St. Etienne-de-Montluc
la Chapelle-s.-Erdre
Orvault
Châț. de la Seilleraye
Carquefou
Sautron
NANTES
Tharon-Plage
St. Michel-Chef-Chef
St. Père-en-Retz
Pointe de St. Gildas
la Plaine-s.-Mer
Préfailles
Couëron
ST. HERBLAIN
Bouguenais
St. Julien-de-Concelles
St. Sébastien-s.-Loire
Chauvé
Pornic
Baie de Bourgneuf
Ste. Marie
Arthon-en-Retz
le Pont-Béranger
Bouaye
Nantes Atlantique
Rezé
les Sorinières
Vertou
la Haie-Fouassière
la Bernerie-en-Retz
les Moutiers
St. Hilaire-de-Chaléons
Ile de Noirmoutier
Lac de Grand Lieu
la Cour-Neuve
E50
E60
E03
N12
N24
N164
N165
N171
N137
N136
N149

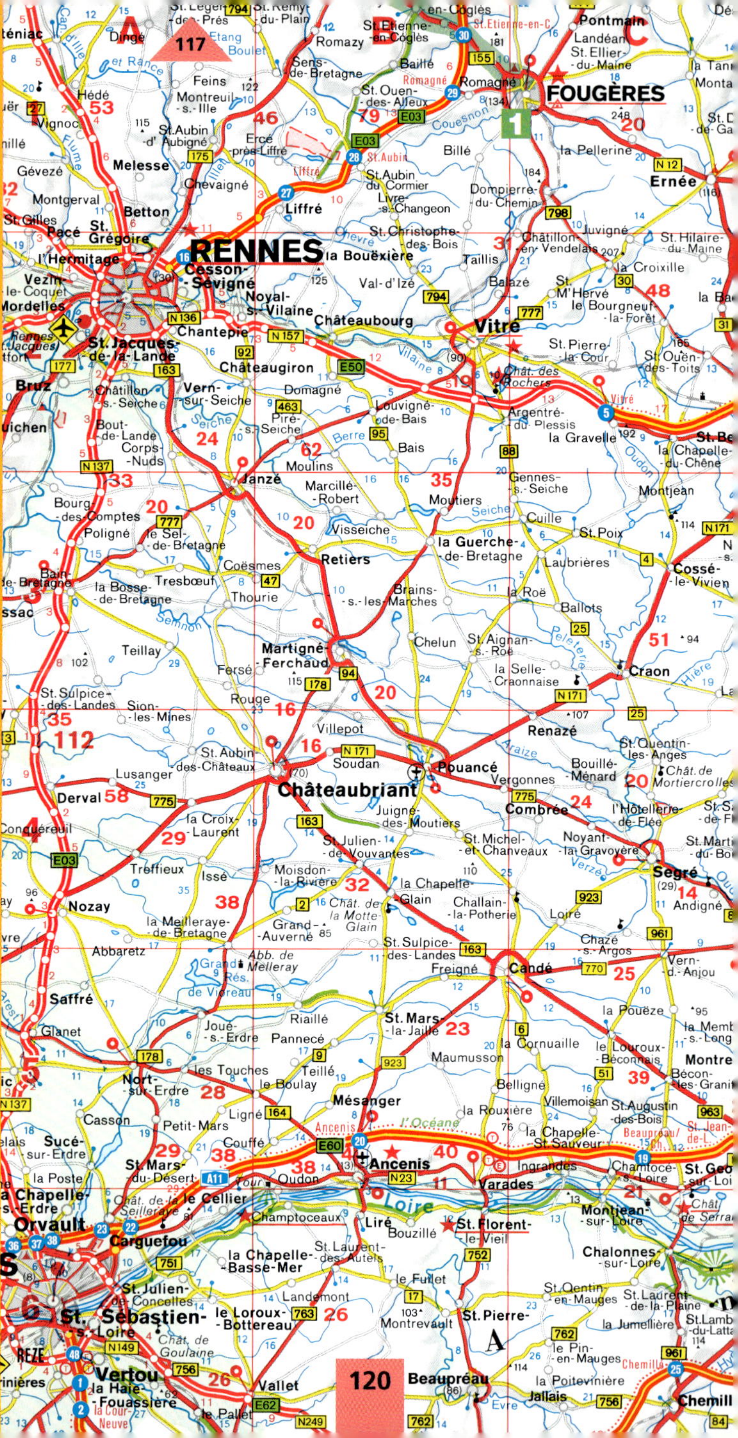

117
120
A
B
C
RENNES
FOUGÈRES
Vitré
Châteaubriant
Ancenis
Orvault
Carquefou
St. Sébastien-s.-Loire
Rezé
Vertou
Dingé
Hédé
Melesse
Gévezé
Montgerval
Betton
Pacé
St. Grégoire
l'Hermitage
Vezin-le-Coquet
Mordelles
St. Gilles
Chevaigné
St. Aubin-d'Aubigné
Montreuil-s.-Ille
Feins
Sens-de-Bretagne
Romazy
St. Etienne-en-Coglès
Baillé
St. Ouen-des-Alleux
Romagné
Ercé-près-Liffré
Liffré
St. Aubin du Cormier
Livré-s.-Changeon
Billé
Dompierre-du-Chemin
la Pellerine
Ernée
Landéan
St. Ellier-du-Maine
Pontmain
St. Christophe-des-Bois
la Bouëxière
Cesson-Sévigné
Noyal-s.-Vilaine
Châteaubourg
Val-d'Izé
Taillis
Balazé
Châtillon-en-Vendelais
Juvigné
St. Hilaire-du-Maine
la Croixille
St. M'Hervé
le Bourgneuf-la-Forêt
St. Pierre-la-Cour
St. Ouen-des-Toits
Chantepie
St. Jacques-de-la-Lande
Bruz
Châteaugiron
Châtillon-s.-Seiche
Vern-sur-Seiche
Domagné
Louvigné-de-Bais
Piré-s.-Seiche
Bais
Argentré-du-Plessis
la Gravelle
Château des Rochers
la Chapelle-du-Chêne
Bout-de-Lande
Corps-Nuds
Janzé
Moulins
Marcillé-Robert
Moutiers
Gennes-s.-Seiche
Montjean
Bourg-des-Comptes
Poligné
le Sel-de-Bretagne
Coësmes
Retiers
Visseiche
la Guerche-de-Bretagne
Cuillé
St. Poix
Laubrières
Cossé-le-Vivien
Bain-de-Bretagne
la Bosse-de-Bretagne
Tresbœuf
Thourie
Brains-s.-les-Marches
la Roë
Ballots
Teillay
Martigné-Ferchaud
Chelun
St. Aignan-s.-Roë
la Selle-Craonnaise
Craon
Fercé
Rougé
St. Sulpice-des-Landes
Sion-les-Mines
Villepot
Renazé
St. Quentin-les-Anges
St. Aubin-des-Châteaux
Lusanger
Soudan
Pouancé
Vergonnes
Bouillé-Ménard
Château de Mortiercrolles
Derval
Conquéreuil
la Croix-Laurent
Juigné-des-Moutiers
Combrée
l'Hôtellerie-de-Flée
St. Julien-de-Vouvantes
St. Michel-et-Chanveaux
Noyant-la-Gravoyère
Segré
Treffieux
Issé
Moisdon-la-Rivière
la Chapelle-Glain
Challain-la-Potherie
Loiré
Andigné
Nozay
la Meilleraye-de-Bretagne
Grand-Auverné
Château de la Motte Glain
St. Sulpice-des-Landes
Chazé-s.-Argos
Vern-d'Anjou
Abbaretz
Abbaye de Melleray
Freigné
Candé
Saffré
Riaillé
St. Mars-la-Jaille
la Pouëze
Glanet
Joué-s.-Erdre
Pannecé
la Cornuaille
le Louroux-Béconnais
Bécon-les-Granits
Nort-sur-Erdre
les Touches
Teillé
le Boulay
Maumusson
Belligné
Casson
Ligné
Mésanger
Villemoisan
la Rouxière
St. Augustin-des-Bois
Sucé-sur-Erdre
Petit-Mars
Couffé
la Chapelle-St. Sauveur
St. Mars-du-Désert
Oudon
Ingrandes
Champtocé-s.-Loire
Varades
la Poste
la Chapelle-s.-Erdre
le Cellier
Château de la Seilleraye
Champtoceaux
Liré
Bouzillé
St. Florent-le-Vieil
Montjean-sur-Loire
Chalonnes-sur-Loire
la Chapelle-Basse-Mer
St. Laurent-des-Autels
le Fuilet
St. Julien-de-Concelles
Landemont
le Loroux-Bottereau
Montrevault
St. Pierre-Montlimart
St. Quentin-en-Mauges
St. Laurent-de-la-Plaine
la Jumellière
Château de Goulaine
le Pin-en-Mauges
la Haie-Fouassière
Vallet
Beaupréau
la Poitevinière
Jallais
le Pallet
Chemillé
Loire
Vilaine
Seiche
Semnon
Couesnon
L'Océane

D
E
F
l'Epinay-le-Comte
Sept-Forges
Neuilly-le-Vendin
Lignières-Orgères
Le Pas
Lassay-les-Châteaux
Couptrain
Lalacelle
Forêt d'Écouves
Fontenai-les-Louvets
Gorron
Ambrières-les-Vallées
Chantrigné
le Horps
Pré-en-Pail
Mont des Avaloirs
Normandie
St. Denis-s.-Sarthon
ALENÇON
Condé-s.-Sarthe
Javron
Châtillon-s.-Colmont
St. Georges-Buttavent
le Ribay
St. Pierre-des-Nids
ST. GERMAIN-DU-CORBEIS
Mayenne
Aron
la Chapelle-au-Riboul
Loupfougères
Villaines-la-Juhel
Gesvres
Parc
Alpes
Mancelles
St. Céneri-le-Gérei
St. Leonard-des-Bois
Averton
Béthon
Moulay
Alexain
Commer
Jublains
Courcité
Champgénéteux
St. Paul-le-Gaultier
Assé-le-Boisne
Naturel
la Hutte
Fresnay-sur-Sarthe
Martigné
Bais
Les Coëvrons
Mayenne
Chât. du Rocher
Mézangers
Ste. Gemmes-le-Robert
St. Pierre-s.-Orthe
Mont-St. Jean
Neau
Evron
Régional
Beaumont-sur-Sarthe
Louverné
Laval-Quartiers-Est
Laval-Centre
Montsûrs
Assé-le-Bérenger
Sillé-le-Guillaume
Ségrie
St. Marceau
Argentré
la Chapelle-Rainsouin
Ste. Suzanne
Parennes
LAVAL
Force
Soulgé-s.-Ouette
Evron
Vaiges
Bazougers
Conlie
Tennie
Chât. de Sourches
Domfront-en-Champagne
la Bazoge
Chemiré-en-Charnie
St. Jean-s.-Erve
St. Denis-d'Orques
Entrammes
Bernay
la Milesse
Maine
Chassillé
Sablé
Sillé-le-Guillaume
Meslay-du-Maine
Chémeré-le-Roi
Bannes
Loué
Villiers-Charlemagne
Brûlon
Vallon-s.-Gée
LE MANS
le Mans Ouest
le Mans-Sud
Ballée
Poillé-s.-Vègre
Chantenay-Villedieu
Etival-les-le-Mans
Allonnes
St. Loup-du-Dorat
Gennes-s.-Glaize
Grez-s.-Glaize
Auvers-le-Hamon
Chât. de Verdelles
Chemiré-le-Gaudin
Château-Gontier
Bouessay
Abb. de Solesmes
Arnage
Bierné
Souvigné-s.-Sarthe
Parcé-s.-Sarthe
Noyen-s.-Sarthe
la Suze-sur-Sarthe
Mulsanne
Coudray
St. Denis-d'Anjou
Sablé-sur-Sarthe
Guécélard
Ménil
Louailles
Malicorne-Sarthe
Mézeray
Cérans-Foulletourte
Yvré-le-Pôlin
Ecommoy
Daon
Sablé-s.-S./la Flèche
Précigné
Marigné
Miré
Morannes
Arthezé
la Fontaine-St. Martin
Chambellay
Crosmières
Daumeray
Mansigné
Mayet
l'Océane
Clermont-Créans
Chât. de Gallerande
Pontvallain
Thorigné-d'Anjou
Châteauneuf-sur-Sarthe
Bazouges-s.-le-Loir
Champigné
Etriché
Durtal
la Flèche
Luché-Pringé
Cheffes
Tiercé
Loir
Thorée-les-Pins
Aubigné-Racan
Ecuillé
Chât. du Plessis-Bourré
Bourgneuf
Fougeré
Feneu
Montreuil-s.-Loir
Seiches-s.-le-Loir
Clefs
le Lude
Chevіré-le-Rouge
Savigné-sous-le-Lude
Ecouflant
Jarzé
Seiches-s.-Loir
Chigné
St. Sylvain-d'Anjou
Pellouailles-les-Vignes
Baugé
Couasnon
Marcilly-s.-Maulne
Chât. du Roi René
ANGERS
Fontaine-Milon
Auverse
Corné
Noyant
Bouchemaine
Trélazé
Andard
Chât. de Montgeoffroy
Mazé
Cuon
Breil
Mouliherne
les Ponts-de-Cé
la Daguenière
Beaufort-en-Vallée
St. Mathurin-sur-Loire
Channay-sur-Lathan
St. Jean-des-Mauvrets
St. Rémy-la-Varenne
la Ménitré
Jumelles
Longué-Jumelles
Parçay-les-Pins
Rillé
Lathan
Vernantes
Brissac-Quincé
Coutures
Savigné-sur-Lathan
Longué
Beaulieu-s.-Layon
les Alleuds
les Rosiers
Vernoil
Gennes
Gizeux
Cunault
St. Martin-de-la-Place
Vivy
10 km
Thouarcé
Louerre
Loire
les Essards
Chavagnes
Noyant-la-Plaine
Milly-le-Meugon
Vivy-Saumur
Allonnes
Martigné-Briand
Caverne
Chançeaux
2004
Langeais

A
B
C
1
2
3
4
5
6
2km
Abers
Grand Chenal de l'Aber Vrac'h
Iles de la Croix
Ile Guénioc
Ile Tariec
Presqu'île de Sainte-Marguerite
Côte des
Roches de Portsall
Chenal du Relec
Ile de Rosservo
Ile Trevors
Tumulus
Ile Verte
Porsguen
Kerros
Croaz ar Reun
Treompan
le Vourc'h
Ruellou
Stréat Veur
Saint-Pabu
Kervigorn
Brouenn
Kerdéniel
Trémazan
Saint-Samson
Château de Trémazan
Barr al Lann
Portsall
Lampaul-Ploudalmézeau
Kersaint
Kerdialaes
Croaz ar Laërez
Lézidoc
Lestréoné
Kersquivit
Kerrivinoc
Kerlagadoc
Kerdrein
Roches d'Argenton
Pointe de Landunvez
l'Ile d'Yoc'h
Landunvez
Phare du Four
Saint-Gonvel
Presqu'île Saint-Laurent
Lanhallès
Argenton
le Vourc'h
Kervédel
Kerlaëroun
Kerourc'hant
Coat Huella
Saint-Roch
Ploudalmézeau
le Quinquis
Plouguin
Radénoc
Porspoder
le Dreff
Kerdelvas
Prat Paul
Kermerrien
Mazou
Kerivoret
Kergastel
Larret
Lessounoc
Kergleuchar
Plourin
Kervézennec
Tréoulan
Sandrioné
Menhir de de Kervignen
Kerrioual
Gouézou
Tréouér
Ile de Melon
Melon
Kervezennoc
Mentiby
Kerzéoc
Croaz-Hent-de Keryard
Keradec
Langonéry
Kerzéven
Ruludu
le Pontic
Lanildut
le Vern
Brélès
Château de Kergroadès
Hellès
Penn an Dreff
Kergoff
Guipron
Chenal de l'Aber Ildut
Aber Ildut
Porscav
Kerglonou
Tréouhan
Lanambroaz
Lanrivoaré
Néven
Kervénan
Kermengam
Kerveuleugant
Coatévez
Perros
Kervengar
Kerninon
Lanvénec
Lampaul-Plouarzel
Lézéna
Kerohoc
Trézéguier
Manoir de Keranflec'h
Porspaul
Erragounan
Keramazé
Gruguellic
Leuré
Rumeur
Kerhilloc
Kervoulou
Kerescar
Kerÿével
Plouarzel
Lokournan Vihan
la Haie
Pen-ar-Dreff
le Vourch
Kerven
Kerouidic
Kerac'hreac'h
Kerborzoc
Coatquénec
le Dré
Phare de Trézien
Trézien
Kerdéniel
Menhir de Kerloas
Kervéatouz
Saint-Renan
Ruscumunoc
Pointe de Corsen
Kergador
Kerbrima
Kervinic
Kerangueñé
Kerloas
Men ar Yar
Landonoï
Cosquer
Lamber
Kerávél
Saint-Fiacre
Porsmoguer
Kervoguin
Quillimerien
Kerhornou
Penhars
Pont-Hôpital
Trégorff
Kerionoc
Pont-Corff
Ploumoguer
Keraliou
Pointe de Brenterc'h
Brenterc'h
Pen ar C'hoat
Kerloussouarn
Kersignen
Anse des Blancs Sablons
Kerlochouarn
Kerdhervé
Kermeinoc
Kerzévéon
Kerameste
Illien
Phare de la Grande Vinotière
Plage des Blancs Sablons
Lanfeust
Vourc'h
Kerscao
Kergonvel
Moguer
Coadénez
Kermorvan
Tréméal
Névez
Kervasdoué
Plouzané
Goulven
Castel-Névez
Cosquiez
Trébabu
Kergounan
Chapelle Saint-Sébastien
Kerarmaz
Kervan
Gosasmeur
Kerfily
Locmaria-Plouzané
Ille-Molène ½h
Berbouguis
Kerambosquer
le Conquet
Tréflez
la Trinité
Kerlohic
Kerzavid
le Cosquer
Porsmilin
le Bilou
Sain-Aouen
Kerouanen
Kerastréat
Portez
Kerhallet
Kerjean
Institut de Recherche Océanographique
Plage de Porz Liogan
Lochrist
Saint-Kernaët
Trégana
Kerourin
Kermergant
Kerinou
Saint-Yves
Anse de Bertheaume
Créac'h
Kervaogon
Pointe de Saint-Mathieu
Saint-Mathieu
Marzin
Trémeur
Kerúzas
Plougonvelin
Fort de Toulbroc'h
Keraaër
Kerioual
Fort du Mengant
Pointe du Grand Minou
Kerangoff
Fort du Minou
Poulherbet
Phare des Vieux Moines
Roche de la Fourmi
Pointe Créac'h
Pointe du Petit Minou
Goulet de Brest
le Gouer
Kervin
D 27
D 28
D 68
D 168
D 26
D 5
D 67
D 38
D 789
D 168
Pays

D
E
F
Plateau du Lizenn Venn
Chaussée de Carrec Hir
Plage des Chardons Bleus
Vierge
Phare de La Vierge
Kerlouan
Guissény
Plouguerneau
Lannilis
Lesneven
le Folgoët
Ploudaniel
Plouvien
Bourg-Blanc
Plabennec
Gouesnou
Aéroport de Brest-Guipavas
Saint-Divy
Bohars
Guilers
Guipavas
le Relecq-Kerhuon
BREST
Plougastel-Daoulas
Loperhet
Milizac
Tréglonou
Coat-Méal
Kersaint-Plabennec
Saint-Thonan
Kernilis
Saint-Frégant
Le Drennec
Loc-Brévalaire
Kernouës
Lampaul-Plouarzel
Rade de Brest
Pointe des Espagnols
Pointe du Corbeau
Pointe de Portzic
Fort du Portzic
le Fret
Saint-Marc
Le Guelmeur
Recouvrance
Saint-Martin
Kergonan
Lambézellec
Bellevue
Kerallan
Keranroué
Tourbihan
Le Polygone
Saint-Pierre-Quilbignon
Kernein
Océanopolis
Albert Louppe
l'Elorn Fleuve
Château de la Joyeuse Garde
La Forest-Landerneau
Saint-Sébastien
l'Aber Vrac'h
Baie des Anges
Étang du Curnic
Léon
D 10
D 38
D 28
D 59
D 13
D 3
D 26
D 788
D 67
D 29
D 712
D 770
D 5
N 12
N 265
E 50
E 60
123
114

MARCO POLO

Für Ihre nächste Reise gibt es folgende Titel:

Deutschland

Allgäu
Amrum/Föhr
Bayerischer Wald
Berlin
Bodensee
Chiemgau/ Berchtesgaden
Dresden
Düsseldorf
Eifel
Erzgebirge/ Vogtland
Franken
Frankfurt
Hamburg
Harz
Heidelberg
Köln
Leipzig
Lüneburger Heide
Mark Brandenburg
Mecklenburgische Seenplatte
Mosel
München
Nordseeküste: Schleswig-Holstein
Oberbayern
Ostfries. Inseln
Ostfriesland: Nordseeküste Niedersachsen
Ostseeküste: Mecklenburg-Vorpommern
Ostseeküste: Schleswig-Holstein
Pfalz
Potsdam
Rügen
Ruhrgebiet
Schwarzwald
Spreewald/ Lausitz
Stuttgart
Sylt
Thüringen
Usedom
Weimar

Frankreich

Bretagne
Burgund
Côte d'Azur
Disneyland Paris
Elsass
Frankreich
Frz. Atlantikküste
Korsika
Languedoc-Roussillon
Loire-Tal
Normandie
Paris
Provence

Italien Malta

Apulien
Capri
Dolomiten
Elba
Emilia-Romagna
Florenz
Gardasee
Golf von Neapel
Ischia
Italien
Italien Nord
Italien Süd
Ital. Adria
Ligurien
Mailand/ Lombardei
Malta
Oberital. Seen
Piemont/Turin
Rom
Sardinien
Sizilien
Südtirol
Toskana
Umbrien
Venedig
Venetien/Friaul

Spanien Portugal

Algarve
Andalusien
Barcelona
Costa Blanca
Costa Brava
Costa del Sol/ Granada
Fuerteventura
Gomera/Hierro
Gran Canaria
Ibiza/Formentera
Lanzarote
La Palma
Lissabon
Madeira
Madrid
Mallorca
Menorca
Portugal
Spanien
Teneriffa

Nordeuropa

Bornholm
Dänemark
Finnland
Island
Kopenhagen
Norwegen
Schweden

Osteuropa

Baltikum
Budapest
Königsberg/ Ostpreußen Nord
Masurische Seen
Moskau
Plattensee
Polen
Prag
Riesengebirge
Rumänien
Russland
St. Petersburg
Slowakei
Tschechien
Ungarn

Österreich Schweiz

Berner Oberland/ Bern
Kärnten
Österreich
Salzburger Land
Schweiz
Tessin
Tirol
Wien
Zürich

Westeuropa und Benelux

Amsterdam
Brüssel
England
Flandern
Irland
Kanalinseln
London
Luxemburg
Niederländ. Küste
Niederlande
Schottland
Südengland
Wales

Südosteuropa

Athen
Bulgarien
Chalkidiki
Griechenland Festland
Griechische Inseln/Ägäis
Ionische Inseln
Istrien/Kvarner
Istanbul
Korfu
Kos
Kreta
Kroatische Küste
Peloponnes
Rhodos
Samos
Slowenien
Türkei
Türkische Mittelmeerküste
Zypern

Nordamerika

Alaska
Chicago und die Großen Seen
Florida
Hawaii
Kalifornien
Kanada
Kanada Ost
Kanada West
Los Angeles
New York
Rocky Mountains
San Francisco
USA
USA Neuengland
USA Ost
USA Südstaaten
USA Südwest
USA West
Washington, D.C.

Mittel- und Südamerika Antarktis

Antarktis
Argentinien/ Buenos Aires
Bahamas
Brasilien
Chile
Costa Rica
Dominikanische Republik
Ecuador/ Galapagos
Jamaika
Karibik I
Karibik II
Kuba
Mexiko
Peru/Bolivien
Südamerika
Venezuela
Yucatán

Afrika Vorderer Orient

Ägypten
Djerba/ Südtunesien
Dubai/Emirate/ Oman
Israel
Jemen
Jerusalem
Jordanien
Kenia
Libanon
Marokko
Namibia
Südafrika
Syrien
Türkei
Türkische Mittelmeerküste
Tunesien

Asien

Bali/Lombok
Bangkok
China
Hongkong/ Macau
Indien
Japan
Ko Samui/ Ko Phangan
Malaysia
Nepal
Peking
Philippinen
Phuket
Singapur
Sri Lanka
Taiwan
Thailand
Tokio
Vietnam

Indischer Ozean Pazifik

Australien
Hawaii
Malediven
Mauritius
Neuseeland
Seychellen
Südsee

Sprachführer

Arabisch
Englisch
Französisch
Griechisch
Italienisch
Kroatisch
Niederländisch
Norwegisch
Polnisch
Portugiesisch
Russisch
Schwedisch
Spanisch
Tschechisch
Türkisch
Ungarisch

Hier finden Sie alle im Reiseführer erwähnten Orte und Ausflugsziele, wichtige Sachbegriffe und Personen. Halbfette Seitenzahlen verweisen auf den Haupteintrag, kursive auf ein Foto.

Schreiben Sie uns!

Liebe Leserin, lieber Leser,

wir setzen alles daran, Ihnen möglichst aktuelle Informationen mit auf die Reise zu geben. Dennoch schleichen sich manchmal Fehler ein – trotz gründlicher Recherche unserer Autoren/innen. Sie haben sicherlich Verständnis, dass der Verlag dafür keine Haftung übernehmen kann. Wir freuen uns aber, wenn Sie uns schreiben.

Senden Sie Ihre Post an die MARCO POLO Redaktion,
Mairs Geographischer Verlag, Postfach 31 51, 73751 Ostfildern,
marcopolo@mairs.de

Impressum

Titelbild: Felsküste bei Ploumanac'h, Leuchtturm (G. Hartmann)
Fotos: W. Dieterich (U. l., U. r., 4, 5 r., 9, 20, 21, 22, 33, 39, 53, 57, 70, 75, 78, 86, 90, 92, 94, 99); G. Hartmann (1, 2 u., 6, 12, 26, 37, 49, 51, 88, 111); HB-Verlag: Wiese (U. M., 28, 31, 46, 66); Huber: Belenos (38), Fantuz (11); laif/REA: Cuisset (25); Mauritius: Vidler (84); Transglobe: Bauer (2 o.); Vintage: Jüttner (5 l., 7, 14, 16, 18, 24, 40, 45, 52, 59, 61, 67, 69, 71, 81, 96, 100); E. Wrba (47, 62)

8., aktualisierte Auflage 2003 © Mairs Geographischer Verlag, Ostfildern
Herausgeber: Ferdinand Ranft, Chefredakteurin: Marion Zorn
Redaktion: Manfred Pötzscher, Bildredaktion: Gabriele Forst (Leitung), Carmen Kubitz
Kartografie Reiseatlas: © Mairs Geographischer Verlag/Falk Verlag, Ostfildern
Gestaltung: red.sign, Stuttgart
Sprachführer: in Zusammenarbeit mit dem Ernst Klett Verlag GmbH, Stuttgart, PONS Wörterbücher

Printed in Germany. Gedruckt auf 100% chlorfrei gebleichtem Papier

Bloß nicht!

Bon voyage – Rücksicht und Vorsicht sind auch während der Ferien zu empfehlen

Austern sammeln
Ein besonderes Ferienvergnügen ist das Sammeln von Muscheln, Krebsen, Krabben, Schnecken oder gar Hummern bei Niedrigwasser, wenn das Meeresgetier in den Wasserlöchern und -rinnen an Strand und Fels zurückbleibt. Dabei ist jedoch darauf zu achten, dass man nicht zu dicht an Austernbänke – gewöhnlich erkennbar an den gelb-weißen Markierungen – kommt. Bei Sturm können die Austern abgetrieben werden; man darf sie nicht einsammeln. Neuerdings lassen Züchter ihre Austernbänke sogar von privaten Wachgesellschaften mit Schnellbooten überwachen.

Stürmische Seefahrt
Die Überfahrt zu den westlichsten bretonischen Inseln, nach Sein, Molène und Ouessant, geht durch Gewässer, die es in sich haben. Die Wellen rollen aus der Weite des Atlantiks mächtig heran, gefährliche Strömungen und Riffe machen das Navigieren zur Kunst. Auf den Kapitän ist Verlass, er kennt seinen Weg. Wer leicht seekrank wird, sollte auf den Schiffsausflug verzichten, wenn das Meer zu unruhig ist.

Pointe du Raz in der Hauptsaison
Sehenswert ist sie schon – und ihre drei Sterne hat sie verdient: die Pointe du Raz, das wilde Vorgebirge im äußersten Westen der Bretagne. Nur sollte man nicht gerade im Juli oder August kommen, wenn sich die Besucher gegenseitig auf die Füße treten. Abschreckend wirkt hier eigentlich auch schon der riesige gebührenpflichtige Parkplatz. Dabei befindet sich ein ähnlich attraktives Ziel gar nicht weit entfernt: Das nördlich gelegene Nachbarkap *Pointe du Van* bietet ebenfalls dramatisch von Wellen umtoste Felsen und eine nicht minder atemberaubende Aussicht – dazu noch mit weniger Touristenrummel und ohne Parkplatzgebühr.

Zu spät buchen
Die Hauptferien fallen in Frankreich in die Zeit zwischen Mitte Juli und Mitte August. Dann sind die Badeorte der Süd- und Nordküste so stark besucht, dass praktisch kein freies Quartier zu finden ist. Sehr frühzeitiges Buchen ist für diesen Zeitraum unerlässlich. Wer vor Mitte Juli oder nach Mitte August an der Küste Urlaub macht, hat dagegen mehr Spielraum und findet ohne größere Probleme ein freies Quartier. Ein weiterer Vorteil: Die Preise sind gesenkt. Die Wassertemperaturen erlauben Baden an geschützteren Stränden bis weit in den Herbst hinein.